Kishons beste Autofahrergeschichten

Mit Zeichnungen
von Rudolf Angerer

ein Ullstein Buch

ein Ullstein Buch
Nr. 22451
im Verlag Ullstein GmbH,
Frankfurt/M – Berlin

Ungekürzte Sonderausgabe

Umschlaggestaltung:
Hansbernd Lindemann
Illustration: Rudolf Angerer

Mit Genehmigung des
Herbig Verlags, München

Printed in Germany 1990
Druck und Verarbeitung:
Ebner Ulm
ISBN 3 548 22451 2

Oktober 1990

CIP-Titelaufnahme
der Deutschen Bibliothek

Kishon, Ephraim:
[Beste Autofahrergeschichten]
Kishons beste Autofahrergeschichten / mit
Zeichn. von Rudolf Angerer. – Ungekürzte
Sonderausg. – Frankfurt/M; Berlin:
Ullstein, 1990
(Ullstein-Buch; Nr. 22451)
ISBN 3-548-22451-2
NE: Kishon, Ephraim:
[Sammlung <dt.>]; GT
Vw: Hoffmann, Ferenc [Wirkl. Name] →
Kishon, Ephraim

Vom selben Autor
in der Reihe
der Ullstein Bücher:

Drehn Sie sich um, Frau Lot! (22427)
Der seekranke Walfisch
oder ein Israeli auf Reisen (3428)
Wie unfair, David! (3429)
Pardon, wir haben gewonnen (3430)
Der Fuchs im Hühnerstall (3431)
Kishons beste Familiengeschichten
(20001)
Der quergestreifte Kaugummi (20013)
In Sachen Kain & Abel (20025)
Es war die Lerche (20033)
Mein Freund Jossele (20053)
Kishon für Kenner (20065)
Wenn das Auto Schnupfen hat (20137)
Schokolade auf Reisen (20158)
Kishons beste Reisegeschichten (20333)
Kishons beste Tiergeschichten (20527)
Kein Öl, Moses? (20569)
Abraham kann nichts dafür (20723)
Beinahe die Wahrheit (20766)
Ephraim Kishons Sommer-Lesebuch
(20984)
Im neuen Jahr wird alles anders (20981)
Kein Applaus für Podmanitzki (20982)
Kishon für alle Fälle (22114)
Picasso war kein Scharlatan (20898)
Paradies neu zu vermieten (20471)
Kishons beste Geschichten (20467)
Kishon für Manager (22276)
Auch die Waschmaschine ist nur ein
Mensch (20472)

Inhalt

Süß ist die Rache *11*

Typisch weiblich *15*

Es bleibt in der Familie *21*

Hiob's schwerste Prüfung *27*

Nonstop Autostop *40*

Höhere Versicherungspolitik *44*

Im Rausch der Geschwindigkeit *51*

Im Anfang war das Ei *55*

Privatparkplatz *61*

Der letzte Schrei der Medien *65*

Süß ist die Reue *72*

In den Händen der Chauvinisten *78*

Ein Parasit fährt mit *87*

Die Gefahren der guten Kinderstube *95*

Jede Münze hat zwei Seiten *99*

Ein verkehrter Verkehrsunfall *109*

Verfolgungswahn *116*

Das Werkstatt-Kabarett *120*

Schade um das Benzin *124*

Auf Ölsuche *134*

Rauchzeichen *137*

Busfahren ist gefährlich *143*

Augenzeugen müssen blind sein *147*

Amtshandlung mit menschlichen Zügen *154*

Rechtsprechung mit menschlichen Zügen *157*

Freund in der Not *163*

Fernsehen hat Vorrang *166*

Für die Katz' *174*

Parkplatz-Safari *177*

Ein Profi am Steuer *183*

Auch Radfahren ist gefährlich *186*

Die Kunst der Höflichkeit *200*

Gottes Hand und Josseles Fuß *205*

Autofahren ist gesund *208*

Ein Tag ohne Dienstwagen *210*

Ein abstrakter Strafzettel *220*

Im Westen nichts Neues *224*

Tour d'Obélisque *233*

Ein vierbeiniger Autofan *242*

Wir gehen in den Untergrund *251*

Ein gewöhnliches Sonderangebot *257*

Und am Ende steht die Parklaterne *265*

Im Anfang war das Benzin und der Vergaser. Dann schuf Gott den Motor und die Karosserie, die Hupe und das Verkehrslicht. Dann betrachtete Er sein Werk und sah, daß es nicht genug war. Darum schuf Er noch das Halteverbot und den Verkehrspolizisten. Und als dies alles geschaffen war, stieg Satanas aus der Hölle empor und schuf die Parkplätze.

Süß ist die Rache

Wir saßen auf der Terrasse unseres Lieblings-Cafés, Jossele und ich, schlürften unseren Lieblings-Espresso und warfen sehnsüchtige Blicke auf die Parkverbotstafeln entlang des Gehsteigs. Um diese dämmerige Abendstunde pflegten wir das »Espresso-Gambit« zu eröffnen, auch »Auto-Adoptivspiel« genannt. Aber noch wollte sich kein Verkehrspolizist zeigen. Es dauerte eine gute Stunde, ehe der erste Vertreter dieser liebenswerten Spezies auftauchte, schlank, rank, schlenkernden Schritts und gestutzten Schnurrbarts.

In fiebriger Anspannung warteten wir, bis er vor einem knallroten, zwischen zwei Parkverbotstafeln parkenden Sportwagen haltmachte und den Strafzettelblock aus seiner Brusttasche zog. Als er den Bleistift ansetzte, also genau im richtigen Augenblick, sprang Jossele auf und stürzte hinzu:

»Halt, halt!« keuchte er. »Ich bin da nur für eine Minute hineingegangen... nur um einen Espresso zu trinken...«

»Herr«, antwortete das Gesetz, »erzählen Sie das dem Verkehrsrichter.«

»Wenn ich doch aber wirklich nur für eine Minute...«

»Sie stören eine Amtshandlung, Herr!«

»Wirklich nur für einen raschen Espresso... Wie wär's, und Sie drücken ausnahmsweise einmal ein Auge zu, Inspektor?«

Der Polizist füllte mit genießerischer Langsamkeit den Strafzettel aus, befestigte ihn am Scheibenwischer und sah Jossele durchdringend an:

»Können Sie lesen, Herr?«

»Gewiß.«

»Dann lesen Sie, was auf dieser Tafel steht!«

»Parken verboten von 0 bis 24 Uhr«, murmelte Jossele schuldbewußt. »Aber wegen einer lächerlichen Minute... wegen einer solchen Lappalie...«

»Noch eine einzige derartige Bemerkung, Herr, und ich bringe auch den Paragraph 17 in Anwendung, weil Sie zu weit vom Randstein geparkt haben.«

»Sehen Sie?« fragte Jossele. »Das ist der Grund, warum die Menschen Sie hassen.«
»Paragraph 17«, antwortete der Ordnungshüter, während er ein neues Strafmandat ausschrieb. »Und wenn Sie mich noch lange provozieren, verhafte ich Sie.«
»Warum?«
»Ich schulde Ihnen keine Erklärung, Herr. Ihre Papiere!«
Jossele reichte sie ihm.
»Herr! Ihre Krankenkasse interessiert mich nicht! Wo ist Ihr Führerschein?«
»Ich habe keinen.«
»Sie haben keinen?! Paragraph 23. Haben Sie einen Zulassungsschein? Eine Steuerkarte? Eine Unfallversicherung?«
»Nein.«
»Nein?«
»Nein. Ich habe ja auch keinen Wagen.«
Stille. Lastende, lähmende Stille.
»Sie haben ... keinen ... Wagen?« Das Auge des Gesetzes zwinkerte nervös. »Ja, aber ... wem gehört dann dieses rote Cabriolet?«
»Wie soll ich das wissen?« replizierte Jossele, nun schon ein wenig verärgert. »Ich bin ja nur für einen raschen Espresso hier ins Café gegangen. Das ist alles, und das versuche ich Ihnen

die ganze Zeit zu erklären. Aber Sie hören ja nicht zu . . .«

Das Amtsorgan erbleichte. Seine Kinnladen bewegten sich lautlos, wenn auch rhythmisch. Langsam zog er das zweite Strafmandat hinter dem Scheibenwischer hervor und zerriß es in kleine Teilchen, einen Ausdruck unendlicher Trauer in seinem Gesicht. Dann verschwand er in der Dunkelheit.

Der arme Kerl wird nie mehr derselbe sein.

Typisch weiblich

Der erste Wagen, den wir besaßen, die beste Ehefrau von allen und manchmal ich, wurde seiner französischen Herkunft wegen »Mademoiselle« geheißen – sie war ein großartiges Produkt.

»Klopfen wir auf Holz«, sagte ich demnach eines Morgens beim Abschied vor der Haustür. »Jetzt fahren wir unseren lieben kleinen Wagen schon zwei Jahre, und er weiß noch immer nicht, wie eine Reparaturwerkstätte von innen aussieht!«

Ich winkte und fuhr los.

Als ich kurz danach aufs Gas stieg, begann der liebe kleine Wagen vehement zu husten und zu stottern, vollführte einen Riesensprung nach vorn, dann nach hinten, produzierte ein wahres Sperrfeuer von Fehlzündungen und hatte

gerade noch Kraft genug, um die Werkstatt von Mike dem Auswechsler zu erreichen.
Mike ist mein Lieblingsmechaniker, ein hervorragender Fachmann, ein angenehmer, gefälliger, fleißiger Zeitgenosse mit einem goldenen Herzen und einem einzigen, allerdings verhängnisvollen Laster: er wechselt leidenschaftlich gerne Bestandteile aus. Bei der geringsten Erwähnung eines Autobestandteils, sei's auch in lobendem Sinn, bricht unwiderstehlich sein Tatendrang hervor, und in Sekundenschnelle ist der betreffende Bestandteil durch einen neuen ersetzt. Der alte erweist sich dann immer als schadhaft, zumindest für Mikes scharfe Augen. Ich meinerseits kann noch so angestrengt hinschauen und sehe keinen Schaden.
»Wenn Sie ihn sehen könnten«, belehrt mich Mike ein wenig von oben herab, »hätte der Wagen sich nicht mehr von der Stelle gerührt.«
Angeblich hat Mike schon manch ein Fahrzeug komplett ausgewechselt, Stück für Stück. Man darf seiner Gründlichkeit blindlings vertrauen.
Ich brachte ihm also meine vom Heuschnupfen befallene Mademoiselle, stieg aus und schilderte ihm, was geschehen war.
Mike setzte sich ans Steuer, startete, trat aufs Gas – und Mademoiselle hustete weder noch

spukte sie, gab keine Fehlzündung von sich und keinerlei störendes Motorengeräusch.
»Der Wagen ist vollkommen in Ordnung«, sagte Mike. »Ich weiß nicht, was Sie wollen.«
Um sicherzugehen, öffnete er die Haube, kontrollierte den Vergaser und wechselte einen Verteilerarm aus.
Ich fuhr ab. Mademoiselle glitt majestätisch die Straße entlang.
An der nächsten Straßenecke erlitt sie einen neuen, heftigen Hustenanfall, dem eine Fehlzündungskanonade folgte.
Wütend kehrte ich zu Mike zurück. Er ließ ein anderes inzwischen angelangtes Opfer stehen, startete Mademoiselle und fragte: »Wollen Sie mich zum Narren halten?«
Ich gab ihm mein Ehrenwort, daß Mademoiselle, kaum daß wir ihn verlassen hatten, in ihren alten Husten verfallen war.
Mike schnitt eine Grimasse, wechselte zwei Zündkerzen aus (sie waren schadhaft) und sagte:
»Sie sollen bis ans Lebensende so gesund sein wie dieser Wagen.«
Ohne zu wissen, womit ich mir diesen Fluch verdient hatte, fuhr ich los. Diesmal dauerte es etwas länger, ehe Mademoiselle ihren nächsten

Anfall bekam. Ich fühlte, wie mir das Blut zu Kopf stieg, aber da half nichts. Ich ließ den Wagen stehen und begab mich zu Fuß in die Werkstatt.

»Mike«, sagte ich, »Sie müssen mit mir kommen.«

Mike verfärbte sich, und die Ausdrucksweise, derer er sich bediente, ließ an Ordinärheit nichts zu wünschen übrig. Er hätte den Wagen zweimal kontrolliert, sagte er, und ich verstünde vielleicht etwas vom Schreiben, aber in bezug auf Autos wäre ich ein Analphabet.

Schließlich gab er meinen flehentlichen Bitten nach und ging mit mir.

Mademoiselle erwartete uns am Straßenrand. Mike startete sie.

»Zum Teufel!« brüllte er. »Der Wagen läuft wie ein Uhrwerk!«

»Ja, jetzt«, brachte ich zitternd hervor. »Aber fahren Sie doch einmal mit ihr.«

Wir fuhren eine halbe Stunde in einer zum Bersten angespannten Stimmung. Wohlgelaunt war nur Mademoiselle. Sie ging mit unbeschreiblicher Eleganz in die Kurven, steigerte beim Überholen mühelos ihr Tempo und gebärdete sich überhaupt musterhaft.

Wieder in der Garage angelangt, wandte sich

Mike mit angewidertem Gesichtsausdruck an mich:
»Hysterie ist eine gefährliche Krankheit. *Sie* brauchen eine Behandlung, nicht der Wagen.«
»Mike, bitte glauben Sie mir!« Ich lag beinahe im Staub vor ihm. »Solange Sie da sind, macht der Wagen keine Schwierigkeiten. Aber wenn er weiß, daß er mit mir allein ist . . .«
»Blödsinn.«
»Tun Sie mir einen einzigen Gefallen, Mike«, flüsterte ich. »Sagen Sie laut und deutlich ›Schalom, auf Wiedersehen‹, schlagen Sie die Tür zu und tun Sie so, als ob Sie weggingen. Aber in Wirklichkeit bleiben Sie neben mir sitzen.«
»Sind Sie verrückt geworden?« Mike wandte sich zornig ab. Er weigerte sich sogar, irgendeinen Bestandteil auszuwechseln.
Schweren Herzens machte ich mich auf den Heimweg. Eine Weile ging es ganz gut. Aber in der Arlosoroffstraße fing es wieder an. Und diesmal war es kein gewöhnlicher Husten, sondern ein richtiges Asthma.
Ich drehte um, Richtung Werkstatt. Zwischen den einzelnen Fehlzündungen probte ich den Text für Mike.
»Da bin ich wieder«, sagte ich. »Mademoiselle

macht immer noch die alten Mucken. Hören Sie selbst, Mike.«
Und während ich so sprach – zuerst wollte ich's gar nicht glauben –, aber es konnte kein Zweifel sein: während ich noch sprach, verfiel Mademoiselle allmählich in eine normale Gangart.
»Hören Sie mich, Mike?« Ich steigerte meine Stimme. »Was habe ich Ihnen gesagt? Jetzt glauben Sie mir hoffentlich, Mike.«
Mademoiselles Tempo war klaglos und gleichmäßig. Das Summen ihres Motors klang wie Musik.
Und dabei ist es dann geblieben. Wenn sie mich mit Mike sprechen hörte, benahm sie sich wie ein wohlerzogenes Auto. Die kleine Anstrengung und das gelegentliche Kopfschütteln der Passanten, besonders wenn die Verkehrsampel auf Halt steht, mußte ich eben auf mich nehmen.

Es bleibt in der Familie

Im vorliegenden Fall rühren die erwähnten Kümmernisse hauptsächlich von Autofahrten im Kreis der Familie her. Kaum bin ich zehn Meter gefahren, stößt die beste Ehefrau von allen ihren ersten schrillen Schrei aus: »Rot! *Rot!*« Oder: »Ein Radfahrer! *Gib auf den Radfahrer acht!*«

Diese Begleittexte kommen immer paarweise: der erste mit einem Rufezeichen, der zweite im Sperrdruck. Früher einmal versuchte ich meiner Gattin beizubringen, daß ich seit meiner Kindheit einen Führerschein besitze und noch keines einzigen Vergehens gegen die Verkehrsordnung schuldig geworden bin, daß ich ebenso viele Augen habe wie sie, vielleicht sogar mehr, und daß ich sehr gut ohne ihren Sperrdruck auskommen kann. Seit einigen Jah-

ren habe ich diesen Zuspruch aufgegeben. Es hilft nichts. Genausogut könnte man den Arabern zureden, sich mit der Existenz Israels abzufinden. Sie hört mir einfach nicht zu. Sie ihrerseits hat schon elf Verkehrsstrafen bekommen, aber an denen bin ich schuld. Es kann geschehen, daß wir durch eine völlig men-

schenleere Straße fahren – und plötzlich dringt ihr Schreckensruf an mein Ohr:
»Ephraim! *Ephraim!*«
Ich reiße das Steuer herum, gerate auf den Gehsteig, stoße zwei Koloniakübel um und krache in den Rollbalken einer Wäscherei. Dann stelle ich die Reste des Motors ab und blicke um mich. Weit und breit ist nichts und niemand zu sehen. Die Straße ist so verlassen wie der unwirtlichste Teil der Negev-Wüste.
»Warum hast du geschrien?« erkundige ich mich und füge im Sperrdruck hinzu: *»Warum hast du geschrien?«*
»Weil du unkonzentriert gefahren bist. Überhaupt – wie du fährst! *Wie du fährst!*« Und sie schnallt demonstrativ ihren Sicherheitsgurt etwas fester.
Die Kinder nehmen natürlich Partei für Mammi. Das erste Tier, das meine kleine Tochter Renana erkennen lernte, war ein Zebrastreifen. *Ein Zebrastreifen!* Auch ihr Großvater stellt oft und gerne fest, daß ich wie ein Verrückter fahre. *Wie ein Verrückter!* Neulich nahm er mich zur Seite, um von Mann zu Mann ein paar mahnende Worte an mich zu richten:
»Du hast doch Sorgen genug, mein Junge. Du bist ein schöpferischer Mensch. Du denkst

beim Fahren an alles mögliche. Warum überläßt du es nicht meiner Tochter?«
Auch die Kinder haben es schon gelernt:
»Pappi«, tönt es von den Hintersitzen, »du bist nicht konzentriert. Laß doch Mammi ... *laß doch Mammi ...«*
Diese entwürdigenden Sticheleien finden ihre Fortsetzung, wenn ich nach Hause komme:
»Es ist nur Pappi«, ruft mein rothaariger Sohn Amir in die Küche. »Nichts ist passiert.«
Warum soll etwas passiert sein? Und warum »nur« Pappi?
Und ihre Mutter unterstützt sie noch:
»Ich würde lachen, wenn dich jetzt ein Verkehrspolizist erwischt! *Ich würde lachen!«* Oder: »Das kostet dich den Führerschein! *Das kostet dich den Führerschein!«*
Laut eigener Aussage kann sie sich nur entspannen, wenn sie selbst fährt. Manchmal entwindet sie mir das Lenkrad mit Gewalt und unter lautem Beifall der Galerie. Bisher ist sie zweimal mit je einem Fernlaster zusammengestoßen, einmal mit einem Klavier, hat mehrere Parkometer umgelegt und ungezählte Katzen überfahren.
»Weil deine wilde Fahrerei mich ansteckt«, erläutert sie.

Neuerdings beteiligt sich sogar unsere Hündin Franzi an der gegen mich gerichteten Verschwörung. In jeder Kurve steckt sie den Kopf zum Fenster hinaus und bellt laut und scharf: »Wau! *Wau!*« Zweimal. Das zweite Mal im Sperrdruck. Sie will, so dolmetscht meine Mitfahrerin, zum Ausdruck bringen, daß ich das Lenkrad mit beiden Händen halten soll. Wie jeder andere. *Wie jeder andere!*
Es gibt auch rückwirkende Zurechtweisungen. Zum Beispiel passiere ich glatt und anstandslos zwei Fußgänger und werde nach ein paar Metern vorwurfsvoll gefragt:
»Hast du sie gesehen? *Hast du sie gesehen?*«
Natürlich habe ich sie gesehen. *Natürlich habe ich sie gesehen*. Sonst hätte ich sie ja niedergefahren oder wenigstens gestreift, nicht wahr.
»Was machst du denn, um Gottes willen!« lautet der nächste Mahnruf. *»Was machst du?«*
»Ich mache 45 Kilometer in der Stunde.«
»Du wirst noch im Krankenhaus enden. Oder im Gefängnis. *Oder im Krankenhaus!*«
Sie selbst fährt einen Stundendurchschnitt von 120 km, was ungefähr der Schnelligkeitsrate ihrer Kommentare entspricht. Unlängst riß sie den Wagen an sich, sauste zum Supermarkt und wurde unterwegs von einer Verkehrsam-

pel angefahren. Sie kroch unter den Trümmern hervor, bleich, aber ungebrochen, und seither folgt mir ihr vorwurfsvoller Blick auf Schritt und Tritt.
»Stell dir vor, du armer Kerl«, will dieser Blick bedeuten, »stell dir vor, was für ein Unglück es gegeben hätte, wenn *du* gefahren wärst.«
Ich bin nach längerem Nachdenken zu dem Entschluß gelangt, mir die bewährte »Do-it-yourself«-Methode zu eigen zu machen, und tatsächlich geht es jetzt viel besser. Um meiner Familie jede Aufregung zu ersparen, stoße ich selbst die entsprechenden Vorwarnungen aus: »Nach 50 Metern kommt ein Stoppzeichen«, verlautbare ich bei einer Stundengeschwindigkeit von 30 km. *»Ein Stoppzeichen nach 50 Metern!«* Oder: »Nicht bei Gelb, Ephraim! *Nicht bei Gelb!«* Und nachdem ich über eine harmlose Kurve hinweggekommen bin: »Wie ich fahre! *Wie ich fahre!«*
Auf diese Weise herrscht in meinem Wagen nun doch eine Art von Fahrerfrieden. Die beste Ehefrau von allen sitzt mit zusammengepreßten Lippen neben mir, die Kinder verachten mich stumm, der Hund bellt zweimal, und ich fahre langsam aus der Haut.

Hiob's schwerste Prüfung

In der Stadt Tel Aviv lebte ein Mann, der hieß Hiob Grodetzky. Er war ein rechtschaffener Mann, befolgte das Gesetz und tat kein Übel, und mit der Zeit wurden ihm sieben Söhne geboren.
Es betrieb aber dieser Mann Hiob einen Lieferwagen, und betrieb ihn sonder Fehl und Tadel, und lenkte ihn tugendhaft und achtete darauf, niemals eine Geschwindigkeitsgrenze zu überschreiten, nicht in der Stadt noch auf den Überlandstraßen, und fuhr kreuz und quer durch das Land und hinauf und hinab, und immer auf der rechten Bahn, und nicht zu schnell. Und hat kein Verkehrspolizist jemals Hand an ihn gelegt oder ihm ein Strafmandat ausgestellt. Und zahlte dieser Mann Hiob seine Einkommensteuer schon vor dem Fälligkeitstermin

und war der einzige im ganzen Land, der solches tat.
Es geschah aber eines Tages, daß sich die Schergen der Stadtverwaltung vor dem Bürgermeister versammelten, und gesellte sich Satanas zu ihnen.
Und sprach der Bürgermeister, zu Satanas gewandt:
»Kennst du meinen Knecht Grodetzky, welcher ein rechtschaffener Mann ist, der das Gesetz befolgt und kein Übel tut?«
Und Satanas antwortete dem Bürgermeister, und sprach: »Der hat leicht rechtschaffen sein, der Kerl, da du ihn doch mit einer Schutzhecke umgeben hast und keine Versuchung an ihn heranlässest. So du aber deine Hand ausstreckst und ihm Schwierigkeiten in den Weg legst, wird er seiner Tugend und wird dir fluchen, daß es dir in den Ohren gellt.«
Und schlossen Satanas und der Bürgermeister eine Wette, und sprach der Bürgermeister zu Satanas, und sprach:
»Siehe, fortan ist dieser Mann Grodetzky in deiner Hand, und darfst du ihm alles antun, nur keine Gewalt.«
Satanas aber nickte und entfernte sich vom Angesicht des Bürgermeisters.

Nicht lange, da erhob sich Hiob Grodetzky am Morgen von seinem Lager, und ging in den Hof seines Hauses, wie er's zu tun pflog an jedem Morgen, um mit seinem Lieferwagen auszufahren. Denn er parkte den Lieferwagen immer und stets im Hof seines Hauses. Denn er wohnte in einer von geparkten Autos überfüllten Geschäftsstraße, und fand keinen andern Platz als seinen Hof, um den Wagen darin zu parken und am Morgen mit ihm auszufahren. An diesem Morgen aber, als er den Hof betrat, fiel bleicher Schrecken auf ihn, und er erbebte vor dem Anblick des gewaltigen Lastwagens, der da in der Ausfahrt stand und ihm den Weg versperrte.
Und Hiob begann zu rufen und zu hupen, und ging zu den Inwohnern des Hauses, um nach dem Fahrer des Lastwagens zu fragen, und ging in die umliegenden Häuser und fragte, und wurde ihm weder Antwort noch Fingerzeig. Erst gegen elf Uhr vormittags kam gemessenen Schrittes ein Mann daher, das war Eliphas der Parker, und Hiob schrie ihm entgegen, und schrie:
»Sahest du nicht mit dem Blick deiner Augen, daß hier eine Ausfahrt ist und daß du hier nicht parken kannst?«

»Ich sehe nichts«, widerredete ihm der andere, »und ich kann parken, wo ich will.«
Und ließ nicht ab zu parken, wo er geparkt hatte, und parkte dortselbst am folgenden Tag und am Mittwoch, und der Mann Hiob konnte zur Nacht den Segen des Schlafes nicht finden aus lauter Furcht, daß am Morgen die Ausfahrt blockiert wäre und seinem Lieferwagen den Weg versperren würde, und brauchte er doch den Lieferwagen, um damit sein Brot zu verdienen. Und sann der Mann Hiob auf Abhilfe, und besann dieses und jenes, und ging in tiefer Nacht vor sein Haus und trat an den falsch geparkten Lastwagen heran und schob ein Blatt Papiers unter den Scheibenwischer, darauf stand geschrieben wie folgt: »Ich warne Dich zum letztenmal, Du Arschloch, und wird großes Unheil über Dich kommen, so Du noch einmal hier parkest!« Aber es fruchtete ihm nichts, denn Eliphas der Parker war größer und stärker als er, und überragte ihn um Hauptes-länge, und hatte viel Fett an seinem Körper, und unter dem Fett viele Muskeln.
Und es wurde aus dem Manne Hiob ein Wrack und ein Schatten seiner selbst und ein Nervenbündel, aber er sündigte nicht und wich nicht vom Pfade der Tugend, und fluchte weder der

Stadtverwaltung noch dem Bürgermeister, sondern machte sich auf zur nächsten Polizeistube und erhob Beschwerde wider Eliphas den Parker.
»Da können wir gar nichts machen«, antwortete ihm die Polizeistube. »Wir können nur etwas machen, wenn vor dem Ein- und Ausfahrtstor ein amtliches Parkverbotszeichen angebracht ist. Dann können wir etwas machen. Sonst nicht.«
Und Hiob war es zufrieden und folgte den Worten des Propheten Jeremiah: »Du sollst Zeichen und Wegweiser aufrichten für die Kinder Israels«, und ließ sich nicht Zeit noch Mühe verdrießen, um an sein Ziel zu gelangen. Und ging des Weges zum Magistrat, Abteilung Straßenverkehr, Unterabteilung Verkehrszeichen, und machte eine Eingabe. Und wurde diese Eingabe unverzüglich abgelehnt. Und machte der Mann Hiob eine zweite Eingabe, welche unverzüglich abgelehnt wurde, und eine dritte, ebenso, und eine vierte, und ließ nicht locker.
Und siehe, es erschienen eines Tages zwei Amtsorgane im Hof seines Hauses, und befanden, daß der Hof sich für Parkzwecke wohl eigne, und bewilligten das Gesuch, und siehe, kaum zwei Jahre später waren rechts und links

von der Ein- und Ausfahrt die amtlichen Tafeln aufgerichtet, und verkündigten einem jeden: »Parken verboten.«

Und es brach großer Jubel aus im Hause des Hiob Grodetzky, und freuten sich alle, und schlachteten einen Hammel und tranken vom Wein.

Als aber Hiob Grodetzky am Morgen erwachte und sich vom Lager erhob, um auszufahren mit seinem Lieferwagen durch das Tor, da stand vor dem Tor der große Lastwagen abermals, und versperrte ihm den Weg.

Und entrang sich ein großer Schrei der gequälten Brust des Mannes Grodetzky, und drang er mit aufgehobenen Händen auf den in der Nähe patroullierenden Verkehrspolizisten ein.

Dieser aber besänftigte ihn, und sprach:

»Ich weiß, Herr, ich weiß. Schreien Sie nicht. Ich habe dem Parksünder bereits ein Strafmandat erteilt.«

Es verhielt sich jedoch so, daß in der Zwischenzeit die Zahl der Wagen sich vervielfacht hatte, und mußten die Bürger der überfüllten Stadt jedes freie Plätzchen ausnützen, um ihre Wagen zu parken, und entrichteten

sie willig die Buße für Verletzungen des amtlichen Parkverbots.
»Das ist es mir wert«, sprach Eliphas der Parker zu Hiob. »Ich lasse es mich gern ein paar Schekel kosten, wenn ich irgendwo parken kann.«
Und parkte er fröhlich weiter vor dem Hause des Hiob, und blockierte ihm die Ausfahrt, und zahlte den Bußeschekel.
Und Hiob zerriß sein Gewand, und raufte sich die Haare, und warf sich nieder auf den Boden, und schrie zum Himmel:
»Es leiden die Gerechten, und es frohlocken die Bösen!«
Da senkte sich eine Staubwolke herab, und aus der Wolke trat Hiobs Weib und hob zu sprechen an, und sprach:
»Warum liegst du auf dem Boden und heulst? Ich sage dir, was du tun sollst. Du sollst deinen eigenen Lieferwagen des Nachts zwischen den beiden Verbotstafeln parken, und wahrlich, es wird dir fürderhin keiner mehr deinen Platz wegnehmen.«
Und Hiob tat, wie ihm geheißen, und nach einem Mond voll Wehklagens und nach vielen kummervoll durchwachten Nächten war endlich der Schlummer ihm wieder beschieden. Und erwachte er freudigen Herzens, und trat

hinaus in den Hof, und rieb sich die Augen, gleich als wären sie noch vom Schlafe verklebt, und wollte nicht glauben, was er sah: denn es stak ein Strafmandat unter dem Scheibenwischer seines Wagens.

Als er sich vergewissert hatte, daß er nicht träumte, suchte er nach dem nächsten Verkehrspolizisten, und rief ihn an, und rief:

»Warum steckt unter meinem Scheibenwischer ein Strafmandat?«

Der Hüter des Gesetzes wies auf die beiden Verbotstafeln: »Haben Sie keine Augen im Kopf? Was steht hier geschrieben? ›Parken verboten‹, nicht?«

Da stimmte Hiob ein Gelächter an, und lachte aus vollem Halse, und sprach:

»Hahaha. Diese Verbotstafeln wurden aufgerichtet um meinetwillen, damit ich des Morgens kein Hindernis im Weg habe und ausfahren kann mit meinem Lieferwagen.«

»Dann fahren Sie aus«, sagte jener, »und parken Sie Ihren Wagen nicht dort, wo das Parken verboten ist.«

»Aber es ist ja für mich verboten!«

»Natürlich ist es für Sie verboten. Genau wie für jeden andern.«

»Verstehen Sie denn nicht? Diese Verbotsta-

feln wurden auf mein Betreiben hier angebracht.«
»Dann müssen Sie den anderen mit gutem Beispiel vorangehen«, sagte der Hüter und entschwand.
Und stak am folgenden Morgen abermals ein Strafmandat unter dem Scheibenwischer des Hiob und am nächsten Morgen wieder, und streute Hiob Asche auf sein Haupt, und schrie zum Himmel, und schrie:
»Was sollen mir diese Zeichen, und warum bringen sie immer neues Elend über mich? Wenn ich im Hof parke, kann ich nicht ausfahren, und wenn ich draußen parke, bekomme ich ein Strafmandat. Verflucht sei der Tag, da ich geboren bin!«

Fortan war das Leben des Mannes Grodetzky mit nichts anderem ausgefüllt als mit Verbotstafeln und Parkzeichen und Parkverbotstafelzeichen, und verbrachte er seine Tage von früh bis spät auf den zuständigen Behörden, und schrie um Gerechtigkeit.
Und sprachen die Behörden wie folgt:
»Es geschieht alles nach Recht und Gesetz. Wir müssen diese Strafmandate ausstellen. Auf den beiden Verbotstafeln steht nichts davon ge-

schrieben, daß der dazwischenliegende Parkplatz Ihnen gehört.«
Und Hiob antwortete:
»Dann schreiben Sie's hin!«
Und schüttelten die Behörden den Kopf, und sprachen:
»Was fällt Ihnen ein? Nur Mitglieder des diplomatischen Corps und der Regierung haben Anspruch auf einen reservierten Parkplatz in einer Verkehrsstraße. So einer wie Sie muß froh sein, wenn ihm durch amtliche Parkverbotstafeln vor seinem Haus die freie Ein- und Ausfahrt gesichert wird. Übrigens – warum wollen Sie eigentlich draußen parken? Sie haben ja Platz genug in Ihrem Hof.«
Da öffnete Hiob den Mund, und holte Atem, und schleuderte wilde Flüche gegen alle, so da standen. Und wurde er mit Buße und Strafe belegt an Ort und Stelle, und wurden ihm seine Fingerabdrücke abgenommen für immer, und flog er hinaus vermittels eines derben Trittes in den Hintern.
Von Stund an entfernte der Mann Hiob an jedem Morgen das Strafmandat von seiner Windschutzscheibe, und warf es zu Boden, und bezahlte es nicht, und wurde in regelmäßigen Abständen zur Polizei gerufen, und schul-

dig gesprochen, und häufte sich das Unglück auf ihn und der Gram auf seine Familie.
Eines Morgens aber trat er wieder auf die Straße hinaus, und siehe, es war da kein Strafmandat auf seinem Lieferwagen, weil da auch kein Lieferwagen war, sondern die Hüter des Gesetzes hatten ihn abgeschleppt, damit er die Einfahrt in den Hof nicht behindere.
Und Hiob wehklagte aufs neue, und hob die Hände auf, und rief:
»Bin ich denn fühllos wie ein Stein? Sind meine Nerven aus Stahl? Wie lange soll ich der Verkehrspolizei noch erbötig sein, daß sie mit mir schalte und walte nach ihrem Gefallen?«
Und seine Söhne verließen ihn und zerstreuten sich, und sein Weib sprach auf ihn ein, und sprach:
»Siehst du denn nicht, daß Recht und Gesetz deiner spotten? Laß die Verbotstafeln wieder fortnehmen, und du wirst parken können vor der Pforte deines Hauses in Frieden und ohne Strafmandat.«
Und zog ein Hoffnungsschimmer in Hiobs Herz, und eilte er zitternden Fußes zum Magistrat, und fiel in den Staub vor den Gewaltigen der Verkehrsabteilung und bat und beschwor sie, die Verbotstafeln zu entfernen.

Die Gewaltigen aber fuhren mit rauher Stimme ihn an, und sprachen:
»Was glauben Sie, wo Sie hier sind? Auf einem Marktplatz? Im Basar? Mit uns können Sie nicht handeln. Erst gestern oder vorgestern wollten Sie die Tafeln vor Ihrem Haus haben, und heute sollen wir sie wieder wegnehmen?«
Und hob sich die Brust des Hiob in schierer Verzweiflung:
»Das war nicht gestern oder vorgestern, o Ihr Gewaltigen. Das ist schon Jahre her.«
Und zerdrückten die Gewaltigen je eine Träne und sprachen:
»Mitleidig sind unsere Herzen, aber gebunden sind unsere Hände. Wir können nichts machen. Solange es einen Hof gibt, muß die freie Einfahrt gesichert sein, und solange eine freie Einfahrt gesichert werden muß, werden dort Parkverbotstafeln stehen. Da können wir gar nichts machen.«

Satanas – wenn wir jetzt wieder an den Beginn unserer Geschichte anknüpfen dürfen – hatte seine Wette schon längst gewonnen. Was von jetzt an geschah, war nur noch ein Nachspiel:
In einer Neumondnacht fiel einem patrouillierenden Hüter des Gesetzes ein Mann auf, der in

der Dunkelheit damit beschäftigt war, den Pfahl einer amtlichen Parkverbotstafel durchzusägen. Der Mann wurde sofort verhaftet, unter Anklage gestellt und wegen böswilliger Beschädigung städtischen Eigentums, schweren Verstoßes gegen die Verkehrsvorschriften und tätlicher Beleidigung von Amtsorganen zu einer ausgiebigen Gefängnisstrafe verurteilt. Nach seiner Entlassung mußte Hiob feststellen, daß man ihm in der Zwischenzeit den Lieferwagen gestohlen hatte, aber das half ihm jetzt nichts mehr. Sein Geist war getrübt, und er verschwand aus der großen Stadt, und seine Spur verlor sich in der Wüste.

Touristen erzählen, daß er im südlichen Negev umherirrt. Manchmal klingt sein hohles Gelächter schaurig durch die Nacht, manchmal taucht er im Morgendämmer am Horizont auf, wild hupend und fürchterliche Flüche gegen den Bürgermeister von Tel Aviv ausstoßend.

Nonstop Autostop

Der älteste aller menschlichen Kriegszustände ist der Klassenkampf. Sklaven wollen sich von ihren Herren befreien und die Herren sich von ihren Frauen. Monarchen bekämpfen die Kirche, Mieter die Untermieter, das Naphtalin die Motten. Aber keiner dieser Lebenskämpfe wurde mit so viel Vehemenz ausgefochten wie der zwischen dem Autostopper und seinem Erzfeind hinter dem Lenkrad.

Früher gehörte ich selbst zur ersten Gruppe, und ich entsinne mich noch der vielen leeren Konservenbüchsen, die ich den Autofahrern nachwarf, die mich nicht mitnahmen. Angeblich aus Angst, ich würde die Polstersitze verdrecken, ihre Aufmerksamkeit vom Steuer ablenken oder aus ähnlichen, stichhaltigen Gründen, die nur lächerliche Ausreden sind.

Inzwischen sind etliche Jahre vergangen. Ich habe mich ins Feindeslager geschlagen und werde seither von fürchterlichen Gewissensbissen geplagt. Wann immer ich eine dieser trostlosen Figuren am Straßenrand sehe, die verzweifelt mit dem Daumen winken, erinnere ich mich meiner eigenen Jugend, und mein Herz fließt vor brüderlichem Mitgefühl über. Manchmal weine ich sogar.

Dies allerdings ändert nichts an der Tatsache, daß mir Autostopper gegen den Strich gehen, weil sie

a) die Polstersitze verdrecken,

b) meine Aufmerksamkeit vom Steuer ablenken und

c) aus ähnlichen, stichhaltigen Gründen.

Das löst natürlich einen tiefen Zwiespalt in meinem Innern aus. Es kostet mich wirklich enorme Überwindung, an den armen Daumendrehern vorbeizuflitzen. Deshalb habe ich mich mit der Zeit zu einer höchst humanen Lösung durchgerungen: Ich halte an, öffne das Fenster und lasse den Autostopper in knappen, aber freundlichen Worten wissen, daß ich leider nur bis zur nächsten Ecke fahre. Ich wünsche ihm alles denkbare Glück für seine Reise, ich verabschiede mich aufs herzlichste – und erst dann bringe ich es über mich, guten Mutes nach Jerusalem zu fahren.

Es ist eine Art Zwangshandlung, die mir erstaunlicherweise eine tiefe innere Befriedigung verschafft. Warum, verstehe ich eigentlich selber nicht. Denn im Grunde kommt es mir ziemlich schäbig vor, diese hoffnungslosen Sozialfälle derart kaltblütig anzulügen. Ich nenne mich manchmal unter zwei Augen sogar einen widerwärtigen, verräterischen, niederträchtigen Schuft ...

Aber damit hat es sich auch schon.

Was mir diesen Konflikt – den Autostopper nicht persönlich zu verletzen, ihn aber unter keinen Umständen mitzunehmen – besonders erschwert, sind die vielen jungen Leute, die hartnäckig die Küstenstraße säumen.

Sie führen einen richtigen psychologischen Krieg, diese Rotznasen. Sie schwärmen um die Mittagszeit von der Schule aus, verteilen sich längs der Straße und heben verzweifelt ihre zarten Daumen. Manche schwenken sogar kleine Tafeln mit dem Bestimmungsort wie »Herzliah!«, »Zahala!«, »Ramat Aviv!« Jeden Tag, wenn ich an ihnen vorbeifahre, mache ich mir die größten Vorwürfe. Aber schließlich kann ich nicht bei jedem dieser

Lümmel stehenbleiben und mich entschuldigen, oder?

Daher habe ich vorige Woche auf meiner Windschutzscheibe eine Gegentafel angebracht: »Tut mir leid, biege nach zwei Häuserblocks ab.«

Natürlich biege ich nicht ab. Ich versuche nur, wie oben erwähnt, mir die Autostopper auf menschlich-kultivierte Weise vom Leib zu halten.

Vor einiger Zeit fuhr ich wieder an einem Schülerschwarm vorbei. Da sprang mir plötzlich einer entgegen und fuchtelte mit einer Tafel vor meinem Scheibenwischer herum. Darauf stand kurz und bündig:

»Lügner!«

Das war natürlich ein Tiefschlag. Aber ich bin ja keiner von der Sorte, die so leicht kapituliert. Auge um Auge. Am folgenden Tag schlug ich zurück. In großen Buchstaben schrieb ich auf meine Tafel:

»Dichter vom Dienst!«

Zur Sicherheit fahre ich jedoch seither einen anderen Weg. Ich kann Kinder nicht leiden sehen.

Höhere Versicherungspolitik

Als ich eines Nachts mit meinem Wagen den Parkplatz verlassen wollte, trat ein gutgekleideter Bürger auf mich zu und sprach:
»Entschuldigen Sie – aber wenn Sie nur ein ganz klein wenig rückwärtsfahren, beschädigen Sie meinen Kotflügel.«
»In Ordnung«, sagte ich mit einem respektvollen Blick auf den amerikanischen Straßenkreuzer, dem der Kotflügel gehörte. »Ich werde aufpassen.«
Der gutgekleidete Bürger schüttelte den Kopf: »Im Gegenteil, es wäre mir sehr recht, wenn Sie meinen Kotflügel beschädigen. Ich sammle Blechschäden.«
Das klang so interessant, daß ich ausstieg und mir die Sache genauer erklären ließ.
Mein Partner deutete zunächst auf eine

waschbeckenartige Vertiefung in seinem Wagendach:
»Ich hatte einen Zusammenstoß mit einer Verkehrsampel. Es war windig, und sie ist heruntergefallen. Max, der Inhaber meiner Reparaturwerkstätte, den ich sofort aufsuchte, zeigte sich skeptisch. ›Herr Doktor Wechsler‹, sagte er, ›eine solche Kleinigkeit zu reparieren ist nicht der Mühe wert. Dafür zahlt Ihnen die Versicherung nichts. Holen Sie sich noch ein paar Blechschäden und kommen Sie dann wieder zu mir.‹ Soweit Max. Er wußte, wovon er sprach.«
Wir nahmen auf dem vorläufig noch intakten Kühler seines Wagens Platz, und Wechsler fuhr fort:
»Jede Versicherungspolice enthält eine Klausel, die den Versicherungsnehmer verpflichtet, Schäden bis zu einer bestimmten Summe selbst zu bezahlen. Bei uns beläuft sich diese Selbstbehaltsklausel in der Regel auf 230 Pfund. Da die Reparatur meines Wagens nur etwa 200 Pfund kosten würde, wäre es sinnlos, den Schaden anzumelden. Wenn ich aber der Versicherungsgesellschaft noch ein paar andere Schäden präsentieren kann –«
»Einen Augenblick, Doktor Wechsler«, unter-

brach ich. »Auch wenn Sie alle Ihre Kotflügel zertrümmern, müssen Sie die ersten 230 Pfund immer noch selbst bezahlen.«

»Herr«, entgegnete Doktor Wechsler, »überlassen Sie das meinem Max.«

So wurde ich mit einer Lehre vertraut gemacht, die ich als »Maximalismus« bezeichnen möchte. Anscheinend besteht zwischen der Internationalen Gewerkschaft der Karosseriespengler (Hauptsitz New York) und dem Weltverband der Pkw-Fahrer in Kopenhagen ein Geheimabkommen, demzufolge die Spengler den Versicherungsgesellschaften sogenannte »frisierte Rechnungen« vorlegen, in denen die Selbstbehaltsumme nur scheinbar berücksichtigt wird. In Wahrheit läßt sie der Spengler unter den übrigen Posten seiner Rechnung unauffällig verschwinden – allerdings nur unter der Voraussetzung, daß diese Rechnung eine Gesamthöhe von mindestens 1500 Pfund erreicht. Und dazu bedarf es natürlich mehrerer Schäden.

Wie sich im Verlauf des Gesprächs herausstellte, war mein Partner ein alter Routinier auf diesem Gebiet. Einmal hatte er es innerhalb weniger Tage auf eine Schadenssumme von 2800 Pfund gebracht.

»Aber diesmal« – aus seiner Stimme klang tiefe Verzweiflung – »komme ich über die lächerliche Schramme auf meinem Wagendach nicht hinaus. Seit Wochen versuche ich, mir noch andere Beschädigungen zuzuziehen – vergebens. Ich bremse dicht vor einem Fernlaster, ich überhole städtische Autobusse, ich parke neben Militärfahrzeugen – es hilft nichts. Niemand läßt sich herbei, meinen Wagen auch nur zu streifen. Deshalb wende ich mich jetzt an Sie. Wenn Sie vielleicht die Güte hätten . . .«

»Aber selbstverständlich«, antwortete ich bereitwillig. »Man muß seinen Mitmenschen behilflich sein, wo man kann.«

Damit setzte ich mich ans Lenkrad, schaltete den Rückwärtsgang ein und begann vorsichtig zu reversieren.

»Halt, halt!« rief Wechsler. »Was soll das? Steigen Sie anständig aufs Gas, sonst machen Sie höchstens 60 Pfund!«

Ich nahm mich zusammen und rammte mit voller Wucht seinen Kotflügel. Es klang durchaus zufriedenstellend.

»In Ordnung?« fragte ich.

Wechsler wiegte bedächtig den Kopf:

»Nicht schlecht. Aber mehr als 600 Pfund sind da nicht drin. Früher einmal, als der Selbstbehalt nur 110 Pfund betrug, genügte ein anständig zertrümmerter Kotflügel. Heute muß man praktisch den ganzen Wagen demolieren, um überhaupt etwas zu erreichen. Wären Sie so freundlich, meine Türe einzudrücken?«

»Gerne.«
Nach Abschätzung der Distanz startete ich einen Flankengriff mit Vollgas. Meine hintere Stoßstange schien dafür wie geschaffen. Es gab einen dumpfen Knall, Glassplitter flogen umher, Wechslers Tür fiel aus den Angeln – wirklich, es ist etwas Erhebendes um die Solidarität der Autofahrer.
»Soll ich noch einmal?«
»Danke«, sagte er. »Das genügt. Mehr brauche ich nicht.«
Seine Ablehnung enttäuschte mich ein wenig, aber schließlich war er der Schadennehmer. Ich stieg aus und betrachtete die von mir geleistete Arbeit. Sie konnte sich sehen lassen. Nicht nur die Türe, die ganze Längsseite des Wagens war verwüstet. Das würde eine saftige Reparatur erfordern!
Als ich zu meinem Wagen zurückkehrte, mußte ich feststellen, daß meine eigene Stoßstange wesentliche Krümmungen aufwies.
»Typisch für einen Anfänger«, bemerkte Dr. Wechsler mitleidig. »Sie dürfen nie in schrägem Winkel auffahren, merken Sie sich das für die Zukunft. Die Stoßstange wird Sie leider nicht mehr als 50 Pfund kosten . . . Warten Sie. Ich verschaffe Ihnen noch 400 Pfund.«

Dr. Wechsler brachte seinen Straßenkreuzer in Position und steuerte ihn gefühlvoll gegen meine linke Seitentüre. »Und jetzt bekommen Sie von mir noch einen neuen Scheinwerfer.«
Er machte es genau richtig: mit einem Mindestmaß an Einsatz ein Höchstmaß an Wirkung.
»Nichts zu danken«, wehrte er ab. »Gehen Sie morgen zu Max – hier seine Adresse – und grüßen Sie ihn von mir. Sie werden keinen Pfennig zu zahlen haben.«
Ungeahnte Perspektiven öffneten sich vor meinem geistigen Auge. Oder war es nur die Zerstörungswut aus lang zurückliegenden Kindertagen, die mich überkam? Ich schlug Wechsler vor, jetzt gleich, an Ort und Stelle, einen Frontalzusammenstoß unserer Kraftfahrzeuge zu veranstalten, aber er winkte ab:
»Nicht übertreiben, lieber Freund. So etwas kann leicht zur Gewohnheit werden. Jetzt lassen Sie erst einmal die Versicherung zahlen. Dann können Sie überlegen, was Sie weiter machen wollen.«
Wir verabschiedeten uns mit einem kräftigen Händedruck. Wechsler ging zu Max und ich zu einem Autohändler, um einen neuen Wagen zu kaufen.

Im Rausch der Geschwindigkeit

Es war Abend. Ich saß am Steuer meines Personenkraftwagens und strebte heimwärts. Ein Verkehrspolizist hielt mich auf:
»Ihre Papiere bitte. Sie sind zu schnell gefahren.«
»Möglich«, sagte ich. »Beweisen Sie es.«
»Wie Sie wünschen.«
Er führte mich zu einem an der Ecke lauernden Polizeiauto, in dem ein anderer Herr Verkehrspolizist saß, vor sich ein Instrument mit allerlei Schaltknöpfen, kreisrunden Meßapparaturen, Zeigern und sonstigen Vorrichtungen der Hölle. Kein Zweifel: ich war einer Radarfalle ins computergeknüpfte Netz gegangen. Endlich einmal sah ich mit eigenen Augen, wie unsere Steuergelder verschwendet werden.
Das zweite Sicherheitsorgan hatte die Inspek-

tion meiner Papiere beendet und wandte sich an mich:

»Sie sind Schriftsteller? Da sollten Sie den anderen mit gutem Beispiel vorangehen, statt draufloszusausen wie ein Verrückter!«

»Es tut mir leid, Captain.« Schuldbewußt senkte ich die Augen. »Jetzt, da ich sehe, daß Sie mit Radar ausgerüstet sind, tut es mir wirklich leid.«

»Sie geben also zu, daß Sie die zugelassene Geschwindigkeitsgrenze weit überschritten haben?«

»Natürlich gebe ich es zu.«

»Warum haben Sie sie überschritten?«

»Ich war in Eile. In großer Eile.«

»Und warum?«

»Weil die mir entgegenkommenden Fahrer versäumt haben, das übliche Warnsignal zu geben. Sie wissen doch – zweimal blinken bedeutet: Achtung, Radarfalle! Aber es hat keiner geblinkt.«

»Ist das vielleicht ein Grund, die Geschwindigkeitsgrenze zu überschreiten?«

»Nein, gewiß nicht. Erlauben Sie mir die Bemerkung, daß ich seit fünfzehn Jahren fahre und heute zum erstenmal die Geschwindigkeitsgrenze überschritten habe.«

»Wurden Sie heute zum erstenmal erwischt, oder haben Sie zum erstenmal die Geschwindigkeitsgrenze überschritten?«
»Ich habe sie zum erstenmal überschritten.«
»Wie kommt es, daß Sie fünfzehn Jahre lang die Geschwindigkeitsgrenze nicht überschritten haben und sie heute plötzlich überschreiten?«
»Purer Zufall. Und jetzt verpassen Sie mir bitte das fällige Strafmandat. Ich werde es sofort begleichen.«
»Sie schreiben Bücher. Haben Sie bedacht, was geschehen würde, wenn alle Fahrer die Geschwindigkeitsgrenze überschreiten?«
»Es würde Unfälle geben.«
»Wünschen Sie Unfälle zu verschulden?«
»Nichts liegt mir ferner.«
»Warum überschreiten Sie dann die Geschwindigkeitsgrenze?«
»Aus unverantwortlichem Leichtsinn.« Meine Bereitschaft, von seiten der Obrigkeit pädagogische Belehrungen entgegenzunehmen, war im Schwinden begriffen. »In der Regel wird man für ein solches Vergehen mit zwanzig Pfund bestraft. Bitte haben Sie die Gewogenheit, mir jetzt endlich –«
»Woher wissen Sie, daß die Strafe für die Überschreitung der Geschwindigkeitsgrenze zwan-

zig Pfund beträgt, wenn Sie noch nie wegen Überschreitung der Geschwindigkeitsgrenze bestraft wurden?«

»Andere Fahrer, die wegen Überschreitung der Geschwindigkeitsgrenze bestraft wurden, haben es mir gesagt.«

»Werden Sie jemals wieder die Geschwindigkeitsgrenze überschreiten?«

»Jawohl!« brüllte ich und riß meinen Hemdkragen auf. »Ich werde sie überschreiten. Sooft ich will! Immer wieder! Ich geschwindige die Überschreitgrenzen! Ich übergrenze die Geschwindigkeitsschreitung ...!«

Das Auge des Gesetzes runzelte die Brauen: »Dann kann ich Sie leider nicht mit einer bloßen Verwarnung entlassen, was ich ursprünglich tun wollte. Hier haben Sie Ihr Strafmandat für Überschreitung der Geschwindigkeitsgrenze.«

Und die Moral von der Geschichte: man soll die Geschwindigkeitsgrenze nicht überschreiten.

Im Anfang war das Ei

Kürzlich ließ mein Wagen deutliche Anzeichen von Unwohlsein erkennen. Ich tat, was in solchen Fällen jeder Autofahrer tut, um sich als solcher zu legitimieren: ich klappte die Kühlerhaube hoch, besichtigte mit durchdringendem Kennerblick die Innereien des Motors, klappte die Kühlerhaube wieder zu und brachte den Wagen zu seinem Lieblingsmechaniker. Dann ging ich zur nächsten Bushaltestelle.

Unterwegs freute ich mich des schönen Wetters, das ich in dieser Form sonst wohl nicht hätte genießen können. Wie man sieht, hat es auch seine Vorteile, wenn der Wagen einmal in der Zeit zusammenbricht. Plötzlich kam mir Tante Ilka entgegen. Es hat eben auch alles seine Nachteile. Sie trug eine Einkaufsta-

sche, aus der ein Karton mit großen, weißen Eiern bedrohlich hervorstand.
»Das sind aber schöne Eier«, sagte ich. Irgend etwas muß man ja schließlich zu Tante Ilka sagen.
»Nicht wahr«, bekräftigte sie stolz. »Nimm dir doch eines!«
Ich versuchte alle möglichen Ausflüchte, mußte jedoch alsbald erkennen, daß es besser wäre, das mir angebotene Ei zu nehmen als den Bus zu versäumen. Ich nahm das Ei und verabschiedete mich. Da ein erwachsener Mensch, der mit einem Ei in der Hand einhergeht, auf seine Umwelt einen eher befremdlichen Eindruck macht, ließ ich das Ei in meine Aktentasche gleiten.
War schon das ein schwerer Fehler, so beging ich einen noch schwereren, indem ich – nach einer Viertelstunde Wartens auf den Bus und nach all der Drängelei im Wageninnern – völlig vergaß, daß sich in meiner Aktentasche ein rohes Ei befand.
Ein Geräusch wie von leisem Splittern erinnerte mich daran.
Ich steckte meine Hand in die Aktentasche, wo sie auf etwas Klebriges auftraf. Als ich sie wieder hervorzog, war sie von kränklich gelber

Färbung. Ich versuchte sie mit dem anderen Ärmel abzuwischen, denn ich besitze glücklicherweise zwei Ärmel, und nannte daraufhin außer einer gelben Hand auch noch einen gelben Ärmel mein eigen. Der Versuch, mit dem Taschentuch in der gelben Hand den gelben Ärmel zu säubern, zeitigte das Ergebnis, daß nunmehr der größte Teil meiner äußeren Erscheinung gelb war. In meiner rechten Hosentasche mußte sich desgleichen ein wenig Gelb angesiedelt haben.

Schüchtern, wie ich bin, hatte ich alle diese Operationen so unauffällig wie möglich durchgeführt und nahm an, daß niemand etwas davon bemerkt hätte.

»Es tropft!« hörte ich dicht hinter mir eine ungehaltene Männerstimme.

Offenbar war Tante Ilkas Original-Ei durch die Nähte der Aktentasche hindurchgesickert und tropfte jetzt auf die wunderschönen, hocheleganten Schlangenlederhalbschuhe meines Hintermanns.

»Was ist das, zum Teufel?« fauchte er und rieb das Schlangenleder mit seinem Handschuh ab.

»Es ist ein Ei«, antwortete ich wahrheitsgemäß. »Entschuldigen Sie bitte.«

Der Mann tat mir von Herzen leid. Das Ei ließ

ihn eine ähnliche Skala der Pein durchlaufen wie vorher mich: vom Schlangenleder zum Handschuh, vom ersten Handschuh zum zweiten, vom zweiten Handschuh zum Taschentuch und vom Taschentuch – dies allerdings schon ohne Absicht – an die scharf hervorspringende Nase einer knochigen Dame, die unter lautem Gackern die Eierspuren mit ihrem Seidenschal wegzuputzen begann. Nun sind Eierspuren bekanntlich sehr klebefreudig, so daß auf dem Schal binnen kurzem ein anmutiges Dottermuster sichtbar wurde. Die Knochige, immer noch gackernd, hielt den Schal zwischen Daumen und Zeigefinger weit von sich weg.

»Ruhe!« Es klang autoritativ und befehlsgewohnt von links. »Alles bleibt ruhig! Keine Bewegung!«

Höchste Zeit, daß jemand das Kommando übernahm. Vielleicht war es ein General der Reserve. Die Fahrgäste nahmen Haltung an.

Schon machte ich mir Hoffnungen, daß das Schlimmste vorbei wäre, als ich einen unwiderstehlichen Drang zum Niesen verspürte.

Ich mußte ihm nachgeben und griff instinktiv nach meinem Taschentuch.

Rings um mich entstand Panik.

»Rühren Sie mich nicht an!« kreischte eine

dicke Frauensperson, als hätte ich mich ihr unsittlich genähert. Auch die übrigen Fahrgäste gingen in feindselige Distanz. Allmählich kam ich mir wie ein Aussätziger vor.
»Hören Sie, Mann«, sagte der General, der mit seinen zwei gelben Streifen auf der Stirn wie ein indianischer Medizinmann aussah. »Möchten Sie nicht den Bus verlassen?«
»Fällt mir nicht ein!« gab ich wagemutig zurück. »Ich habe noch drei Stationen zu fahren.«
Aber die Menge schlug sich auf die Seite des Generals und brach in laute Aufmunterungsrufe aus, als er – vom Schlangenleder unterstützt – Anstalten traf, mich gewaltsam aus dem Bus zu befördern. Wieder einmal stand ich allein gegen die öffentliche Meinung.
Da schritt ich zur Tat. Blitzschnell tauchte ich meine Hände in die Aktentasche, erst die rechte, dann die linke, und hielt sie tropfend hoch:
»So, jetzt könnt ihr mich hinauswerfen!« rief ich.
Murrend wich der Mob zurück. Ich hatte den Wagen in meiner Gewalt. Gebt mir einen Korb mit rohen Eiern, und ich erobere die Welt.

Aus der Schar der angstvoll Zusammengedrängten ertönten zaghafte Stimmen:
»Bitte, lieber Herr«, baten sie. »Würden Sie so gut sein und wenigstens die Aktentasche wegtun? Bitte!«
»Na schön. Warum nicht.«
An meine Großmut hat noch niemand vergebens appelliert. Ich bückte mich nach der Aktentasche.
In diesem Augenblick fuhr der Bus auf ein Schlagloch auf.
Im Vergleich zu dem, was nun folgte, nahm sich eine Slapstickposse aus Stummfilmzeiten wie ein klassisches Trauerspiel aus. Ich sprang ab und überließ den Bus seiner klebrigen Weiterfahrt.
»Guter Gott!« Die beste Ehefrau von allen schüttelte fassungslos den Kopf, als ich zu Hause eintrat. »Was ist geschehen?«
»Tante Ilka«, sagte ich, stürzte ins Badezimmer und blieb eine halbe Stunde lang unter der Dusche, voll bekleidet, mit Aktentasche.
Auf die alte Frage, ob zuerst das Ei da war oder die Henne, weiß ich auch heute keine Antwort. Ich weiß nur, daß ich in einem öffentlichen Verkehrsmittel lieber mit einer Henne fahren würde als mit einem Ei.

Privatparkplatz

An einem warmen Sommerabend beschlossen Jossele und ich, die vielgerühmte Ausstellung »Haus und Garten« zu besichtigen, die, wie man hörte, mit Vorliebe auch von den jungen Damen der Gesellschaft aufgesucht wurde. Wir fuhren mit meinem Wagen und parkten ihn auf dem langgedehnten Baugrund nächst dem Eingang. Während ich die Eintrittskarten holen ging, lehnte sich Jossele an die Mauer und stocherte in den Zähnen.

Nach einer Weile trat ein Herr auf ihn zu und fragte:

»Kostet?«

»35 Agurot«, sagte Jossele und nahm das Geld in Empfang.

Der Herr blieb stehen und schien auf etwas zu warten. Schließlich fragte er:

»Bekomme ich keinen Zettel?«
»Was für einen Zettel?«
»Was heißt das: was für einen Zettel? Für meinen Wagen!«
»Ach so«, Jossele riß aus seinem Notizbuch einen Zettel heraus und schrieb die Nummer des Autos darauf, dem der Herr entstiegen war: T–14948.
Der Herr faltete den Zettel sorgfältig zusammen und steckte ihn in die Brieftasche. Hierauf verlangte er zu wissen, warum man hier für das Parken 35 Agurot zu zahlen habe; auf dem bewachten Parkplatz hinten beim Schwimmbecken koste es nur 20 Agurot.
Jossele stellte ihm frei, seinen Wagen zu nehmen und hinten beim Schwimmbecken zu parken.
Das Gesicht des Herrn lief rot an, aber da er die Ausstellung besuchen wollte, hörten wir nicht mehr genau, was er sagte. Freundlichkeiten waren es nicht.
Jossele seinerseits hatte den Plan, die Ausstellung zu besuchen, bereits aufgegeben. Er blieb auch nicht mehr an der Mauer stehen, sondern trat sofort an jeden parkenden Wagen heran, winkte den aussteigenden Fahrer zu sich, händigte ihm einen Zettel mit der Nummer des

Wagens und dem heutigen Datum ein und sagte:
»35 Agurot.«
Nur ein einziger Fahrer, ein stadtbekannter Geizkragen, weigerte sich zu zahlen und parkte seinen Wagen beinahe drei Kilometer weiter unten (wegen lumpiger 35 Agurot, man glaubt es kaum). Nach zehn Minuten war Josseles Notizbuch aufgebraucht. Glücklicherweise hatte ich ein paar Formulare mit der Aufschrift »Letzte Warnung vor der Zwangsvollstrekkung« bei mir. Ich verarbeitete sie zu einer Anzahl von kleinen Zetteln, auf deren Rückseite Jossele weiter die Autonummern und das heutige Datum schrieb.
Schließlich war auch dieser Zettelvorrat erschöpft, und wir betraten die Ausstellung. Eine sehr hübsche junge Dame, die einen automatischen Kartoffelschäler vorführte, verwikkelte uns in ein freundliches Gespräch und wollte uns ihre Telefonnummer geben, aber wir fanden in unseren sämtlichen Taschen kein Stückchen Papier mehr, um die Nummer aufzuschreiben.
Als wir die Ausstellung verließen, dachten wir kaum noch an die uns anvertrauten Wagen. Wir wurden erst wieder an sie erinnert, als der

Herr, mit dem der Strom unserer Kundschaften eingesetzt hatte, totenblaß auf uns zugewankt kam und Jossele seinen Zettel unter die Nase hielt. Man hatte ihm, wie er vorwurfsvoll bemerkte, den Wagen gestohlen.
Jossele prüfte den Zettel eingehend. Dann sagte er:
»T – 14948. Stimmt. Hier haben Sie Ihre 35 Agurot zurück.«
Das Wochenende wollen wir in Südamerika verbringen.

Der letzte Schrei der Medien

Auf den ersten Blick unterschied sich das Taxi, das ich während der Hauptverkehrszeit an der Ecke der Frischmannstraße genommen hatte, durch nichts von den meisten seinesgleichen im Nahen Osten: ein wenig zerbeult, aber noch fahrbar, die Aschenbecher vollgestopft mit Nahrungsresten und Papierschnitzeln, an den Unterteilen der Sitzplätze fragmentarische Überbleibsel von Kaugummi, und auf den Sitzplätzen selbst, dort wo sich die von Zigaretten gebrannten Löcher befanden, ein paar hervorstehende Sprungfedern. Kurzum: ein ganz normales israelisches Taxi. Das einzig Ungewöhnliche war der Fahrer, ein stämmiger Bursche von vermutlich osteuropäischer Herkunft, nach seinem Profil zu urteilen. Ich urteilte nach seinem Profil, weil ich es deutlich sehen

konnte. Er hielt es schräg, auch während der Fahrt, und sein Blick war starr nach unten gerichtet. Nach rechts unten. Auch während der Fahrt.
Plötzlich hörte ich einen vertrauten Staccato-Ton, ein kurzes, rhythmisches »tatata-ta-tata«. Es war genau 21 Uhr.
»Was gibt's im Radio?« fragte ich.
»Keine Ahnung«, lautete die Antwort. »Ich hab das Fernsehen an. Simon Templar.«
Ich beugte mich ein wenig vor und sah ihm über die Schulter. Tatsächlich: zu seinen Füßen lag ein kleiner Fernsehapparat, über den gerade »Der Boß und die 40 Räuber« ihren Einzug hielten, tatata-ta-tata. Bild und Ton kamen verhältnismäßig deutlich, nur manchmal hüpfte der kleine Kasten auf und nieder, denn die Stadtverwaltung von Tel Aviv hatte sich endlich zu den überfälligen Reparaturarbeiten der Hauptverkehrsadern entschlossen.
Als wir die Ben-Jehuda-Straße entlangholperten, streckte der Boß einen intellektuellen Schurken zu Boden und umarmte seine weibliche Gefangene. Aber da nahte in einem Helikopter der dicke Spion.
»Setzen Sie sich schon endlich«, sagte der Fahrer, ohne die Haltung seines Profils zu verän-

dern. »Sie verstellen mir ja die Aussicht auf das Rückfenster.«

Ich ließ mich widerwillig in den Fond fallen: »Wieso stört Sie das? Sie schauen ja ohnehin die ganze Zeit auf Ihre Füße.«

»Das geht Sie nichts an. Ich kenne meine Fahrbahn, auch ohne sie ständig zu beobachten.«

»Deshalb haben Sie gerade ein rotes Licht überfahren, was?«

»Pst. Sie kommen ...«

Meinem neuerlichen Spähversuch begegnete der Wagenlenker auf höchst unfaire Art, indem er den Kasten in einen für mich unzugänglichen Winkel schob. Dabei sehe ich Simon Templar sehr gerne, noch lieber als die Bonanza-Serie.

Auf unsicheren Rädern kurvten wir in den Nordau-Boulevard ein. Soviel ich hören konnte, ging auf dem Bildschirm gerade ein wütender Kampf vor sich.

»Setzen!« herrschte das Profil mich an. »Das ist ein Mini-Apparat, nur für den Fahrer.«

Ganz knapp verfehlten wir in diesem Augenblick ein Moped in psychedelischen Farben, aber sichtlich noch ohne Fernsehapparat.

Das Profil beugte sich zum Fenster hinaus.

Sein Tonfall erreichte die Stärke eines mittleren Nebelhorns im Hafen von Haifa:
»Wo brennt's denn, du Idiot? Lern zuerst fahren, du Trottel! Willst du uns alle umbringen?«
Während das Kind auf dem Roller – nach kurzer Einschätzung der Körperkräfte seines Widersachers – eilends das Weite suchte, verschaffte ich mir rasch einen Blick auf den Bildschirm: Simon war gerade dabei, dem dicken Kerl, der den Mikrofilm bei sich trug, mit dem Revolver den Schädel zu spalten, mit der anderen Hand hielt er den Agenten der Gegenseite auf Distanz, und alles das in einem ziemlich rasch dahinschlitternden Taxi.
»Ein miserables Gerät«, beschwerte sich das Profil. »Japanisches Fabrikat, kostet in Amerika 80 Dollar, aber hier verlangen sie 2000 Pfund. Nicht von mir, hehe. Da können sie lange warten. Mein Schwager aus Brooklyn hat's durch den Zoll geschmuggelt.«
Er schüttelte sich vor Lachen, hielt aber jählings inne, weil Simon soeben dem feindlichen Millionär in die Falle zu gehen drohte.
Und weil das rechte Vorderrad auf den Gehsteig aufgefahren war, von wo es mit hartem Krach wieder die Fahrbahn erreichte.

Allmählich verlor ich die Geduld.
»Warum, zum Teufel, fahren Sie nur mit einer Hand?«
»Mit der andern muß ich den Draht halten, sonst setzt der Empfang aus. Der Mechaniker hat mir gesagt, daß ich eine Art Antenne bin, wenn ich den Draht halte. Er lebt bei meiner Schwester. Schon seit zwei Jahren. Der Mechaniker. Ein feiner Kerl.«
Wir glitten in einer Entfernung von höchstens eineinhalb Millimetern an einem langen, schweren Transportlaster vorbei. Wenn das so weiterging, würde uns Simon noch in einen Unfall verwickeln.
»Das Gesetz«, stieß ich zwischen zwei wilden Sprüngen des Wagens hervor, »das Gesetz verbietet Fernsehapparate in Personenkraftwagen!«
»Das ist eine Lüge. Sie werden in keinem Gesetzbuch eine solche Vorschrift finden. Hingegen ist es streng verboten, mit dem Fahrer zu sprechen.«
»Warten Sie ab, die Polizei wird's Ihnen schon zeigen!«
»Polizei? Wieso Polizei? Simon muß immer alles allein machen. Die Polizei kommt immer erst dann, wenn man sie nicht mehr braucht.

Genau wie bei uns. Und dafür werden sie auch noch dekoriert. Erzählen Sie mir nichts von der Polizei, Herr.«
Der Boß mußte in eine entscheidende Auseinandersetzung geraten sein, denn das Profil starrte unbeweglich zu Boden. Wir fuhren im Zickzack.
»Ein harter Junge, unser Simon. Läßt sich auch von den Weibern nicht drankriegen. Schmust mit ihnen herum, aber von Heiraten keine Rede. Hält sich fit, um die Gangster zu erledigen. Und *wie* er sie erledigt! Manche Leute sagen, daß er Glück hat. Aber in diesen Dingen kann man kein Glück haben . . .«
Doch. Manchmal kann man. Zum Beispiel wir, gerade jetzt. Obwohl der Wagen vor uns in rücksichtslos gleichem Tempo dahinfuhr, stießen wir nicht mit ihm zusammen. Seit der Boß dem Bombenräuber in einem gestohlenen Taxi nachjagte, hatte ich das unangenehme Gefühl, daß wir in eine entgegengesetzte Einbahnstraße eingebogen waren. »He –!«
»Setzen!« brüllte das Profil. »Wie oft wollen Sie mir noch die Aussicht blockieren?«
»Sagen Sie mir wenigstens, was auf dem Bildschirm vorgeht.«
»Verrückt geworden? Was soll ich noch alles

machen? Fahren – Draht halten – zuschauen – und erzählen?«

»Achtung!!«

Bremsen kreischten. Dicht voreinander, in der allerletzten Sekunde, kamen mit ohrenbetäubendem Krach das Taxi und ein großer, dunkelroter Tanker zum Stillstand. Simon war wie durch ein Wunder unverletzt geblieben. Das Profil fuhr im Rückwärtsgang bis zur Ecke.

»Genug«, sagte ich. »Mir reicht's. Ich will aussteigen.«

»Acht Pfund siebzig.«

Er nahm das Geld entgegen, ohne mich anzusehen. Geld war ihm gleichgültig. Was ihn interessierte war Simon Templar.

Ich sprang auf die Straße. Es war eine mir völlig unbekannte Gegend.

»Wo bin ich? Das ist doch nicht Ramat Aviv!«

»Sie wollten nach Ramat Aviv? Warum haben Sie das nicht gesagt?«

Und der Fahrer entschwand, ohne mich eines Blickes zu würdigen. Er hielt ihn starr auf seinen japanischen Bildschirm gerichtet. Ein miserables Fabrikat, aber wenn man den Draht in der einen Hand hält, hat man einen leidlich guten Empfang.

Süß ist die Reue

Der Wüstenwind wehte feinen Sandstaub über die Boulevards und auf die Kaffeehausterrasse, wo ich, wie gewohnt, mit meinem Freund Jossele saß. Die Luft war stickig, der Kaffee ungenießbar. Mißmutig beobachteten wir das Leben und Treiben ringsum. Mit besonderem Mißmut erfüllte uns der Verkehrspolizist an der Kreuzung, unter dessen Schikanen die hartgeprüften Autofahrer hilflos leiden mußten.

»Genug«, sagte Jossele und stand auf. »Jetzt will ich's wissen. Die Polizei, dein Freund und Helfer. Laß uns sehen, wie weit es damit her ist.«

Er zog mich auf die Straße und schlug den Weg zur nächsten Polizeistube ein.

»Wo kann ich eine Übertretung der Verkehrsvorschriften melden?« fragte er den diensthabenden Polizeibeamten.

»Hier«, antwortete der Beamte. »Was ist geschehen?«

»Ich fuhr mit meinem Wagen die Schlomo-Hamelech-Straße hinunter«, begann Jossele, »und parkte ihn an der Ecke der King-George-Straße.«

»Gut«, sagte der Beamte. »Und was ist geschehen?«

»Dann fuhr ich weiter.«

»Sie fuhren weiter?«

»Ja. Ich fuhr weiter und hätte die ganze Sache beinahe vergessen.«

»Welche Sache?«

»Eben. Als ich später wieder am Tatort vorbeikam, fiel es mir plötzlich ein. Um Himmels willen, dachte ich. Die Haltestelle!«

»Welche Haltestelle?«

»Die Autobushaltestelle. Wissen Sie nicht, daß sich an der Ecke Schlomo-Hamelech-Straße und King-George-Straße eine Autobushaltestelle befindet? Herr Inspektor! Ich bin ganz sicher, daß ich nicht in der vorgeschriebenen Entfernung von der Haltestelle geparkt habe. Es waren ganz sicher keine zwölf Meter.«

Der Beamte glotzte:

»Und deshalb sind Sie hergekommen, Herr?«
Jossele nickte traurig und ließ deutliche Anzeichen eines beginnenden Zusammenbruchs erkennen:
»Ja, deshalb. Ursprünglich wollte ich nicht. Du hast ja schließlich nur eine halbe Stunde geparkt, sagte ich mir, und niemand hat dich gesehen. Also wozu? Aber dann begann sich mein Gewissen zu regen. Ich ging zur Schlomo-Hamelech-Straße zurück, um die Parkdistanz in Schritten nachzumessen. Es waren höchstens neun Meter. Volle drei Meter zu wenig. Nie, so sagte ich mir, nie würde ich meine innere Ruhe wiederfinden, wenn ich jetzt nicht zur Polizei gehe und die Selbstanzeige erstatte. Hier bin ich. Und das« – Jossele deutete auf mich – »ist mein Anwalt.«
»Guten Tag«, brummte der Beamte und schob seinen Stuhl instinktiv ein wenig zurück, ehe er sich wieder an Jossele wandte: »Da die Polizei Sie nicht gesehen hat, können wir die Sache auf sich beruhen lassen. Sie brauchen kein Strafmandat zu bezahlen.«
Aber da kam er bei Jossele schön an:
»Was heißt das: die Polizei hat mich nicht gesehen? Wenn mich morgen jemand umbringt, und die Polizei sieht es nicht, so darf mein

Mörder frei herumlaufen? Eine merkwürdige Auffassung für einen Hüter des Gesetzes, das muß ich schon sagen.«
Die Blicke des Polizeibeamten irrten ein paar Sekunden lang zwischen Jossele und mir hin und her. Dann holte er tief Atem:
»Wollen Sie, bitte, das Amtslokal verlassen und mich nicht länger aufhalten, meine Herren!«
»Davon kann keine Rede sein!« Jossele schlug mit der Faust auf das Pult. »Wir zahlen Steuern, damit die Polizei für öffentliche Ordnung und Sicherheit sorgt!« Und mit beißender Ironie fügte er hinzu: »Oder sollte mein Vergehen nach einem halben Tag bereits verjährt sein?«
Das Gesicht des Beamten lief rot an:
»Ganz wie Sie wünschen, Herr!« Damit öffnete er sein Eintragungsbuch. »Geben Sie mir eine genaue Schilderung des Vorfalls!«
»Bitte sehr. Wenn es unbedingt sein muß. Also, wie ich schon sagte, ich fuhr die Schlomo-Hamelech-Straße hinunter, zumindest glaube ich, daß es die Schlomo-Hamelech-Straße war, ich weiß es nicht mehr genau. Jedenfalls –«
»Sie parkten in der Nähe einer Bushaltestelle?«
»Kann sein. Es ist gut möglich, daß ich dort geparkt habe. Aber wenn, dann wirklich nur für ein paar Sekunden.«

»Sie sagten doch, daß Sie ausgestiegen sind!«
»Ich bin ausgestiegen? Warum sollte ich ausgestiegen sein? Und warum sollte ich sagen, daß ich ausgestiegen bin, wenn ich – halt, jetzt fällt es mir ein: ich bin ausgestiegen, weil der Winker geklemmt hat. Deshalb habe ich den Wagen angehalten und bin ausgestiegen: um den Winker wieder in Ordnung zu bringen. Wollen Sie mir daraus vielleicht einen Strick drehen? Soll ich das Leben meiner Mitmenschen gefährden, weil mein Winker klemmt? Das können Sie unmöglich von mir verlangen. Das können Sie nicht, Herr Inspektor. Das können Sie nicht!«
Jossele war in seiner Verzweiflung immer näher an den Beamten herangerückt, der immer weiter zurückwich:
»Herr!« stöhnte er dabei. »Herr!« Und das war alles.
»Hören Sie, Herr Inspektor.« Gerade daß Jossele nicht schluchzend auf die Knie fiel. »Könnten Sie mich nicht dieses eine Mal laufen lassen? Ich verspreche Ihnen, daß so etwas nicht wieder vorkommen wird. Ich werde in Zukunft genau achtgeben. Nur dieses eine Mal noch, ich bitte Sie ...«
»Hinaus!« röchelte der Beamte. »Marsch hinaus!«

»Ich danke Ihnen! Sie sind die Güte selbst! Ich danke Ihnen von ganzem Herzen.«
Jossele zog mich eilig hinter sich her. Ich konnte noch sehen, wie der Beamte hinter seinem Pult zusammensank.
Ab und zu muß man eben auch etwas für die Polizei tun.

In den Händen der Chauvinisten

Es muß einmal der Öffentlichkeit verkündet werden, daß ich eine kritische Phase meines Lebens, zwei Wochen lang, als stolzer Besitzer eines Motorrades verbrachte.
Natürlich ist es unter etablierten Schriftstellern üblich, so einem Vehikel mit einer gewissen Geringschätzung zu begegnen. Man betrachtet es eher als standesgemäß, so lange an Autobushaltestellen Schlange zu stehen, bis die Tantiemen zur Anschaffung eines image-fördernden Straßenkreuzers reichen.
Bei näherem Hinsehen stellt sich aber oft heraus, daß besagte Schriftsteller im allgemeinen ihre zwei Beine als Fortbewegungsmittel in Anspruch nehmen.
Ich hingegen bin ein willensschwacher Mensch, der eher zu Kompromissen neigt. So

begab es sich eines Tages, als mein Luxusgefährt noch nicht einmal als Silberstreif am Horizont zu sehen war, daß ich die Nerven verlor und ein Motorrad erwarb.
Ich taufte es »Dr. Kaltenbrunner«, denn es kam aus Deutschland und erinnerte mich irgendwie mit seinem schwarzglänzenden Äußeren an Leute, die vor kurzem noch Dr. Kaltenbrunner zu heißen pflegten.
Soweit die Einführung in die Geschichte meines Motorradbesitzerdaseins.

Sie beginnt damit, daß ich am Ende der zweiten Woche meines motorisierten Daseins, auf meinem Doktor reitend, elegant bei einer Tel Aviver Tankstelle einkehrte und dem an der Benzinpumpe stehenden Fachmann mit ostentativer Lässigkeit zurief:
»Fünf Liter Sprit und 200 Gramm Öl.«
Der Mann an der Pumpe begann zu strahlen, dann fiel er mir um den Hals:
»Sie kommen auch aus Ungarn? Sagen Sie nichts, ich habe das gleich an Ihrem furchtbaren Akzent erkannt. Mitbürger! Freund! Landsmann, wie geht es Ihnen?«
Es wäre müßig zu leugnen, daß auch ich nicht gleichgültig blieb. Es ist nun einmal nichts All-

tägliches, wenn zwei bis dato einander völlig unbekannt Juden weit weg von ihrem heimatlichen Budapest zusammentreffen, um sich hemmungslos in ihrer stets auf der falschen Silbe betonten Muttersprache unterhalten zu können. Was Wunder also, daß wir beide einige Tränen der Rührung zerdrückten. Ja, das ist Israel, der Schmelztiegel.

Dann erzählte mir mein neuer Blutsbruder, daß sein Betrieb seit vierzig Jahren fest in ungarischer Hand sei. Der Boß sei zwar ein abscheulicher Litauer, das fiele aber nicht weiter auf, da er sich bereits die Grundkenntnisse der ungarischen Sprache angeeignet habe, und er sei sogar schon in der Lage, ein kurzes Kindergedicht von Vörösmarty Mihály mit nahezu verständlicher Aussprache vorzutragen.

Nach einigen Minuten des Schwelgens in magyarischer Lyrik ging mein Landsmann auf ein aktuelleres Thema über:

»Hören Sie, liebster Freund, ich will Sie nicht beleidigen oder gar, Gott behüte, kränken, aber Ihr Motorrad ist ziemlich verschmutzt. Man sollte ihm eine gründliche Säuberung angedeihen lassen. Zwar gibt es bei uns Freitag nachmittags prinzipiell keine Motorradwä-

sche, aber bei einem ungarischen Kunden wird sich natürlich eine Ausnahme machen lassen.«
»Danke, aber ich habe es leider sehr eilig.«
»Es handelt sich nur um fünf Minuten, keine Sekunde mehr. Ich frage, wer soll schon wem unter die Arme greifen, wenn nicht ein jüdischer Ungar einem ungarischen Juden?«
Ohne weitere Vorwarnung klatschte mein Landsmann in die Hände und bewirkte damit, daß ein transsylvanischer Bär aus einer Höhle hervorkam, um mein am ganzen Leibe zitterndes Motorrad unverzüglich in die Werkstatt zu entführen. Dort angelangt, setzte sich der Bär eine Röntgenbrille auf, ergriff eine Spritzpistole und schaltete sie ein. Der Strahl, der hervorschoß, war stark genug, um Löcher in den Asphalt zu bohren. Der Bruderbär lächelte mir ermutigend zu und lenkte den Strahl auf Doktor Kaltenbrunner. Dieser fiel sofort um und blieb wie ein k.o.-geschlagener Boxer verkrampft auf der Seite liegen.
»Keine Sorge, mein Freund«, tröstete mich der Bär in einem eher rustikalen Ungarisch, »so kann der Strahl besser durchspülen, um den ganzen Schmutz zu vernichten. Wissen Sie, wenn Sie zum Beispiel ein Pole wären oder Gott behüte gar ein Rumäne, nie im Leben hätte ich

am Freitagnachmittag diese Schwerarbeit begonnen. Weil Sie aber Ungarisch sprechen, überwinde ich mich. Wir müssen zusammenhalten, um uns gegen den starken balkanischen Druck wehren zu können, verstehen Sie?«
Doktor Kaltenbrunners Sitz begann sich mittlerweile unter dem starken Druck des ungarischen Reinigungsstrahls zu wellen, und die Drähte des Scheinwerfers rissen wie strapazierte Nerven.
»Hören Sie auf«, schrie ich, »hier scheint etwas nicht zu stimmen ...«
»Nicht nervös werden«, erklang eine ungarische Stimme hinter mir. Wem sie gehörte, konnte ich nicht feststellen, da sich inzwischen das gesamte magyarische Personal des Betriebes in die Hände klatschend um mich geschart hatte.
»Wir Ungarn«, setzte einer fort, »wir sind berühmt für unsere einwandfreie Arbeit, besonders wenn wir für einen Landsmann arbeiten. Sehen Sie diesen ekelhaften Polen dort, wie er uns aus haßerfüllten Augen anstarrt?« Er zeigte mit seinem ölverschmierten Zeigefinger auf einen einsamen Arbeiter, der sich still in einer Ecke verkroch.
»Wer ist diese Fratze?« fragte ich.

»Er ist mein Schwager.« Dann wandte er sich an den transsylvanischen Bären: »Jancsikám, etwas mehr Druck!«
Jancsikám legte einige Dutzend Atü zu. Die Reinigungsmasse drang durch das Loch des Zündschlosses in die Dynamospulen und vernichtete dort alles, was zu vernichten war. Vermutlich auch den Schmutz. Aus einem der Ventile erklang ein zarter Pfeifton, kurz danach löste sich das Hinterrad von der Felge.
»Vorsicht!« schrie ich aus Leibeskräften, »was habt ihr vor?« Krachbumm!
Das Nummernschild des Motorrades wurde fortgeblasen und blieb in der Wand stecken. Der Putz fiel von der Decke. Der Fahrersitz war völlig verschwunden, so als hätte er niemals existiert. Aus dem Motor kamen klebrige Rauchschwaden hervor. Ich versuchte, dem Bären die Spritzpistole zu entreißen, aber der Strahl trennte mich von meinem dahinsiechenden Motorrad.
»Hören Sie, Mensch«, brüllte ich dem Bären mit einer Stimme zu, die fast noch lauter war als der aus der Spritzpistole dringende Lärm, »meine Mutter ist *Polin*, die dazu noch Rumänisch versteht! Ehrenwort! Hören Sie auf, es ist Freitag nachmittag . . .«

Das transsylvanische Untier grinste mir freundlich zu und ließ dem allmählich zum Schrotthaufen werdenden Motorrad aus einem riesigen Feuerlöschgerät einen Strahl kochenden Wassers angedeihen. Die Lenkstange krümmte sich zusehends, der Rückspiegel nahm die Form eines Monokels an, der Scheinwerfer glich einem Aquarium, das ganze Gefährt schrumpfte vor meinen Augen ein.
»So, das wäre erledigt«, verkündete mein Bruderbär, und warf mir mein ehemaliges Motorrad zu. »Aber sagen Sie keinem Menschen, daß wir am Freitagnachmittag noch gearbeitet haben. Das war ein Spezialservice für Sie, weil Sie eben . . .«
Mein armer Kaltenbrunner sah aus, als wäre er irrtümlicherweise von einem Pogrom heimgesucht worden. Seine Bestandteile waren über die ganze Werkstatt verstreut, und der Rahmen war mit einer öligen Patina überzogen. Der Kilometerzähler hatte mit dem Stopplicht Platz getauscht, der Benzintank war voller Grübchen und die Batterie unauffindbar.
Ich pumpte das von meiner Landsmannschaft so vorsorglich behandelte Hinterrad wieder auf und versuchte, mein zwei Wochen altes Fahrzeug in Gang zu setzen. Es gab einen kläglichen

Seufzer von sich, der nach einem fürchterlichen Fluch klang.
Ich stand allein und verlassen da. Das magyarische Tankstellenpersonal wandte sich wieder seiner verantwortungsvollen Arbeit zu. Ich trat einigemal auf den Kickstarter des Doktors seligen Angedenkens, in der waghalsigen Hoffnung, ihn vielleicht doch noch in Gang setzen zu können . . .
Meine Landsleute betrachteten mein Treiben mit unverhohlener Verachtung. Sie rügten mich nicht direkt, schließlich war ich ja ihr Landsmann, aber ihren Blicken war unschwer zu entnehmen, daß sie sich vor den Polen oder gar Rumänen, wo immer diese auch sein mochten, meinetwegen genieren müßten.
»Fahren Sie doch endlich los, mein Herr«, tadelte mich der brüderliche Vorarbeiter, »hier wird ja schließlich gearbeitet. Oder?«
Ich wagte schüchtern anzudeuten, daß mein Gefährt aus unersichtlichen Gründen den Dienst verweigerte.
»Dann bringen Sie es doch zu einem Pannendienst«, riet mir mein magyarischer Freund, »in Jaffa finden Sie einen erstklassigen Mechaniker aus Ungarn. Wenn Sie ihm sagen, daß Sie ein Landsmann sind, wird er es Ihnen vielleicht

schon nächste Woche reparieren. Wichtig ist nur, daß Sie zu keinem Polen oder gar zu einem Rumänen gehen. Diese Leute machen alles kaputt...«

Während ich Kaltenbrunner nach Hause schleppte, musterten einige Straßenpassanten mich und mein verunglücktes Motorrad mit hämischem Lachen. Es dürfte sich offensichtlich um Polen oder vielleicht Rumänen gehandelt haben.

Daheim angekommen, blieb Doktor Kaltenbrunner als provisorisches Ersatzteillager liegen. Ich sammelte die verblichenen Überreste, begrub sie und schrieb auf den Grabstein:

»Hier ruht ein Motorrad mit zweieinhalb Pferdestärken. Es wurde nur zwei Wochen alt. Es fiel in der ungarischen Abteilung des Schmelztiegels Israel auseinander.«

Ein Parasit fährt mit

In jener Nacht, von der ich erzählen will, es war kurz bevor Kaltenbrunner sein ungarisches Schicksal ereilte, verließ ich Petach Tikwah auf meinem Motorrad in Richtung Tel Aviv. Am Stadtrand von Petach Tikwah stand ein kleiner, vom Alter gebeugter Mann, winkte verzweifelt mit den Händen und krächzte, so laut er konnte: »Tel Aviv, Tel Aviv!«

Augenblicklich erwachte in meiner Brust das mitfühlende jüdische Herz. Eines Tags, so flüsterte es mir zu, eines Tags wirst auch du klein und vom Alter gebeugt sein und wirst dich freuen, wenn dich am Stadtrand von Petach Tikwah jemand nach Tel Aviv mitnimmt.

Ich bremste scharf und forderte den Alten durch Zeichensprache auf, den Hintersitz zu erklimmen. Er tat es mühsam und umständlich.

»Gottlob gibt's noch anständige Menschen auf der Welt«, ließ er sich währenddessen in fließendem Jiddisch vernehmen. »Der Himmel segne Sie, junger Mann.«

Es widerstrebt mir, angebetet zu werden, und ich sah auch keinen Anlaß dafür. Ich hatte nichts weiter getan, als einem Nebenmenschen gegenüber meine Pflicht erfüllt, wie es die Charta der Vereinten Nationen verlangt.

»Sie müssen sich fest anhalten, Großpapa«, sagte ich sicherheitshalber und startete.

Bald darauf hörte ich hinter mir ein unverkennbar schmerzhaftes »Oj«, das sich mehrmals wiederholte.

»Oj«, stöhnte mein greiser Mitfahrer. »Haben Sie Ihren Rücksitz mit Steinen ausgestopft?«

Er hatte so unrecht nicht. Der Rücksitz besaß keine Federung und war sehr, sehr hart. Ich schämte mich, so bequem dahinzufahren, während hinter mir der Patriarch wie ein Schifflein auf stürmischer See umhergeschleudert wurde. Außerdem mußte er mit der einen Hand seinen Hut halten. Es war bestimmt kein Vergnügen für ihn.

»Ich kann Motorräder nicht ausstehen«, vertraute er mir an. »Sie machen Lärm und stinken. Und was ist mit Ihnen, junger Mann? Wo leben Sie?«

»In Tel Aviv.«

»Wieso haben Sie dann kein Auto? Jeder Schnorrer in Tel Aviv hat ein Auto.«

»Wenn Ihnen das Motorrad zu unbequem ist, Großpapa, können Sie ja absteigen.«

»Hier? Im Finstern? Wo sind wir hier überhaupt? Sie haben komische Einfälle, das muß ich schon sagen. Können Sie nicht schneller fahren?«

Ich gab Gas.

»Oj, wie windig!« ertönte hinter mir die klagende Greisenstimme. »Den Tod kann man sich holen. Aber was kümmert das Sie. Sie würden mich ja nicht einmal im Spital besuchen...«

Doch, doch, ich besuche dich, gelobte ich mir. Sei du erst einmal im Spital, dann werde ich dich schon besuchen... Aber ich verscheuchte den sündigen Gedanken alsbald und wurde aufs neue vom Mitleid für den alten Mann überflutet. Was mochte der Arme durchgemacht haben, daß solche Bitterkeit aus ihm sprach.

»Sie sind aber ein sehr schlechter Fahrer«, sprach jetzt die Bitterkeit aus ihm. »Ich staune,

daß man einen Kerl wie Sie überhaupt auf die Straßen losläßt. Das kann wirklich nur hier passieren. Hier geben sie jedem Rowdy, der Geld genug für Benzin hat, einen Führerschein. Und dann wundert man sich über die Verkehrsunfälle. Wie viele Menschen haben Sie schon überfahren?«

»Ich fahre seit zehn Jahren und hatte noch keinen einzigen Unfall«, versicherte ich stolz.
In diesem Augenblick ertönte ein lauter Knall. Der Reifen des Hinterrads war geplatzt, und wir befanden uns im Straßengraben. Der Motor spuckte noch ein paarmal, dann starb er ab.
Mein Fahrgast erhob sich stöhnend und fluchend.
»Sie Mörder«, schrie er mich an, »Sie rücksichtsloser Unmensch! Rast durch die Gegend wie ein Verrückter! Aber ich hab's ja gewußt, ich hab's von Anfang an gewußt ...«
Jetzt faßte ich den Tobenden etwas genauer ins Auge. Wie sich zeigte, war er gar nicht so alt. Er war ein untersetzter Mann in den besten Jahren, stämmig, beinahe fettleibig. Wahrscheinlich war der Reifen unter der Last seines Gewichts zusammengebrochen.
»Sehen Sie mich an«, sagte er überflüssigerweise. »Hier stehe ich, mitten in der Nacht, mit einem Nervenschock und weiß Gott was für Verletzungen. Und daran sind nur Sie schuld.«
»Es tut mir leid, Herr. Ich habe es nicht mit Absicht getan.«
»Das ist kein Trost für mich. Meiner Nachbarin ist neulich das Bügeleisen aus der Hand gefallen, direkt auf den Kopf ihres Babys. Sie hat es

auch nicht mit Absicht getan. Aber das Kind ist jetzt fürs ganze Leben schwachsinnig.«
Es war klar, daß ich meine Taktik ändern mußte. Getzl – so nannte ich ihn in Gedanken, es war der Name eines meiner Todfeinde –, Getzl hatte sich am Straßenrand niedergelassen. Meine Aufforderung, mir beim Flottmachen meines Fahrzeuges zu helfen, quittierte er mit den Worten:
»Bin ich ein Lastenträger?«
»Wenn Sie mir nicht behilflich sind, das Motorrad bis zur nächsten Straßenlampe abzuschleppen, lasse ich Sie hier sitzen.«
Getzl erhob sich widerwillig und legte Hand an die Lenkstange. Sein wiederholtes Straucheln während der Bergungsarbeiten nahm er zum Anlaß, mich und meine Familie in polnischer Sprache zu verfluchen.
»Fluchen Sie ruhig weiter«, ermunterte ich ihn. »Mir macht das nichts aus. Für mich ist Polnisch eine Fremdsprache. Aber meine Mutter sollten Sie aus dem Spiel lassen. Sie versteht etwas Polnisch.«
Nach einiger Zeit hatten wir das Fahrzeug bis zur nächsten Laterne geschoben, wo ich es morgen abholen und richten lassen wollte. Im stärkeren Lichtschein gelangte ich endgültig zu

der Erkenntnis, daß ich keinen gebückten Greis vor mir hatte, sondern einen gesunden, stattlichen Mann meines Alters. Vielleicht war er sogar um ein paar Jahre jünger.
Eine Weile standen wir einander gegenüber, stumm, mit einem bemerkenswert geringen Ausmaß wechselseitiger Sympathie.
»Einen Moment!« rief Getzl plötzlich aus. »Sie kenn' ich doch. Haben Sie letzten Winter nicht bei Kirschbaum im Fleischerladen gearbeitet?«
»Wer – ich?«
»Ja, Sie. Sie haben wahrscheinlich geglaubt, ich würde Sie nicht erkennen. Zwei Tage mußte ich damals im Bett liegen.«
»Warum?«
»Das fragen Sie? Weil Sie mir ein tiefgekühltes Huhn an den Kopf geworfen haben!«
»Ein tiefgekühltes Huhn?«
»Tun Sie nicht so. Das waren doch Sie, oder nicht?«
»Jawohl«, sagte ich in plötzlichem Entschluß, dessen Wirkung mich zu sofortigem Nachstoßen veranlaßte: »Und wenn Sie nächstens in den Laden kommen, werfe ich Ihnen einen tiefgekühlten Truthahn an den Kopf.«
Getzl war sichtlich verwirrt. Eine Zeitlang folgte er sogar meinen Anweisungen. Ich ließ

ihn den Kotflügel halten und – als ich ihn bei einer Nachlässigkeit ertappte – auch die Kette. Davon bekommt man noch viel schmutzigere Hände als von der Veruntreuung öffentlicher Gelder.

»Das wird Ihnen leid tun«, keuchte Getzl. »Ich werde mich in Petach Tikwah bei der Polizei über Sie beschweren. Die sind berühmt für ihre Schärfe. Kennen Sie den Inspektor Goldblatt?«

»Natürlich. Er ist mein Bruder.«

Getzl drehte sich wortlos um und begann den vorüberfahrenden Autos zu winken. Das könnte ihm so passen! Mich mit meinem kaputten Motorrad in der Dunkelheit zurückzulassen und bequem nach Tel Aviv zu fahren! Zum Glück hielt kein einziger Wagen an.

Oder doch? Der Chrysler jetzt? Tatsächlich!

Mit einem Satz war ich am Schlag, riß ihn auf und sprang in den Wagen hinein.

»Ein Überfall!« rief ich dem Fahrer zu. »Der Mann dort wollte mich überfallen! Geben Sie Vollgas!«

Der Chrysler gab Vollgas. Getzl blieb allein zurück. Es war ein wunderschöner Anblick, ihn wie vom Schlag gerührt dastehen zu sehen. Vielleicht steht er immer noch dort. Meinetwegen kann man ihn ruhig abschleppen.

Die Gefahren der guten Kinderstube

Dieser Tage kaufte ich einen geräucherten Fisch. Während ich heimwärts schlenderte, las ich im Abendblatt, in welches besagter Fisch gewickelt war, daß die Behörden über die steigende Unfallrate im Straßenverkehr höchst besorgt waren. Ich beschloß, der Ursache des Übels auf den Grund zu gehen.

Wie wir wissen, gibt es ein ungeschriebenes und trotzdem überall gültiges Gesetz der Straße. Demzufolge scheinen Autofahrer verpflichtet zu sein, einander prinzipiell mit »Idiot« anzusprechen. Dieses Grundgesetz – der Lateiner nennt es »jus incivile« – ist zur eisernen Tradition geworden, etwa so, wie man bei festlichen Anlässen »Dreimal Hoch« ruft.

Autofahrer, die bei der geringsten Provokation, oder auch ohne diese, nicht bereit sind, das

Schlachtgeschrei »Idiot« anzustimmen, gelten als nicht vertrauenswürdig. Sie sind entweder Anfänger, die man nicht auf die Straße lassen sollte, gefährliche Exzentriker oder bestenfalls ausländische Gäste, die unter Höflichkeitszwang stehen.

Ich für meinen Teil als echter Kavalier am Steuer bin es seit Jahren gewohnt, jedem Straßenkameraden, der versucht, mir die Vorfahrt zu verweigern, der mich schneidet, überholt oder mir sonst irgendwie unsympathisch auffällt, durch das eiligst heruntergedrehte Wagenfenster mit donnernder Stimme zuzubrüllen:

»Iiidiooot!«

Normalerweise geht mein »Iiidiooot!« in dem ebenso lautenden Autofahrergruß meines hochgeschätzten Gegners unter und wir setzen wütend unseren Weg fort. Doch manchmal passiert es, daß so ein Idiot aussteigt, breitspurig auf mich zukommt und schreit:

»Kannst du nicht aufpassen, du Kretin?«

Meine höchst phantasievolle Antwort auf eine solch unqualifizierte Attacke lautet üblicherweise:

»Warum paßt du nicht selber auf, du Armloch!«

(»Armloch« halte ich für einen besonders raffi-

nierten Schachzug: das Wort erinnert vage an irgend etwas anderes, ist aber nicht klagbar.)

Das war die Lage bis vor rund einem Monat. Dann allerdings widerfuhr mit etwas völlig Unerwartetes.

Ich war unterwegs ins Stadtzentrum und bog links ab, ohne ein entsprechendes Zeichen zu geben, und vernahm das Quietschen notgebremster Reifen, begleitet von dem obligaten »Iiidiooot!« Gleich darauf kam der Verursacher

des ohrenbeleidigenden Quietschens, ein vierschrötiger Hüne, auf mich zu. Doch noch ehe er sein Wutgeschrei loswerden konnte – ich weiß bis zum heutigen Tag nicht, was da eigentlich in mich gefahren ist –, entglitten meinem Mund unbegreifliche Worte:
»Tut mir wirklich leid«, hörte ich mich sagen, »Sie sind völlig im Recht. Ich habe vergessen zu blinken.«
Der Mann war sprachlos. Er wich einen Schritt zurück, als habe er eine schallende Ohrfeige erhalten, taumelte wie benommen zu seinem Wagen zurück und fuhr blindlings davon. Die Trance dürfte noch eine Weile angehalten haben, denn ich sah, wie er kurz danach auf den Gehsteig fuhr und in eine Stoptafel krachte.
Von dieser Wunderwaffe mache ich seither tagtäglich Gebrauch. Wann immer mich ein idiotischer Autofahrer anbrüllt: »Iiidiooot!, kannst du nicht aufpassen?«, sage ich höflich: »Verzeihen Sie vielmals, es war eindeutig mein Fehler.«
Ich glaube nach diesen Ausführungen sagen zu dürfen, daß meine mörderische Wunderwaffe zu einem nicht unwesentlichen Teil für die steigende Unfallrate verantwortlich ist.

Jede Münze hat zwei Seiten

In der Regel habe ich immer einen Vorrat von Zehnpiastermünzen bei mir. An jenem Morgen hatte ich keine. Ratlos stand ich vor dem grausamsten Instrument unseres technischen Zeitalters: dem Parkometer. Sollte ein städtisches Amtsorgan des Weges kommen, dann könnte mich der Mangel eines Zehnpiasterstücks fünf Pfund kosten. Ich versuchte ein Fünfundzwanzigpiasterstück in den Schlitz zu zwängen, aber das Parkometer weigerte sich.

»Zehn Piaster?« fragte eine Stimme in meinem Rücken. »Werden wir gleich haben.«

Ich fuhr herum und erkannte Ingenieur Glick, der eifrig in seinen Hosentaschen stöberte.

»Hier!« Und damit warf er selbst die erlösende Münze in den gefräßigen Schlitz.

Ich wußte nicht, wie ich ihm danken sollte. Die

von mir sofort angebotene Fünfundzwanzigermünze wies er von sich:
»Lassen Sie. Es ist nicht der Rede wert.«
»Wenn Sie einen Augenblick warten, gehe ich wechseln«, beharrte ich.
»Machen Sie sich nicht lächerlich. Sie werden schon einen Weg finden, sich zu revanchieren.«
Damit wandte er sich zum Gehen und ließ mich in schweren, bedrückenden Gedanken zurück. Schulden sind mir zuwider. Ich mag das nicht. »Sie werden schon einen Weg finden« – was heißt das? Was für einen Weg? Wieso?
Um sicherzugehen, suchte ich auf dem Heimweg einen Blumenladen auf und schickte Frau Glick zehn rote Nelken. So benimmt sich ein Kavalier, wenn ich richtig informiert bin.
Warum es leugnen: ich hätte zumindest einen Telefonanruf vom Hause Glick erwartet. Nicht als ob mein Blumenarrangement besondere Dankesbezeigungen erfordert hätte, aber trotzdem . . .
Als bis zum Einbruch der Dämmerung noch nichts geschehen war, erkundigte ich mich telefonisch im Blumenladen nach dem Schicksal meiner Nelken. Ja, alles in Ordnung, die

Nelken wurden um 16 Uhr 30 durch Boten befördert.
Ich wartete noch eine Stunde. Als meine Nerven zu zerreißen drohten, rief ich bei Glicks an. Glick war selbst am Telefon. Wir unterhielten uns über die neuen Hafenanlagen in Ashdod und über die neue Einkommensteuer und noch über allerlei Neues. Eine Viertelstunde lang. Schließlich konnte ich nicht länger an mich halten.
»Da fällt mir ein«, sagte ich. »Hat Ihre Gattin die Blumen bekommen?«
»Ja. Meiner Meinung nach sollte Eschkol dem Druck der Religiösen nicht nachgeben. Er hat genügend Rückhalt, um . . .«
Und so weiter, und so weiter. Was war da los? Kein Zweifel, mit meinen Blumen stimmte etwas nicht.
Nachdem die läppische Konversation zu Ende war, berichtete ich den Vorfall meiner Ehefrau. Sie wunderte sich überhaupt nicht.
»Natürlich«, sagte sie. »Auch ich hätte mich beleidigt gefühlt. Wer schickt heute noch Nelken? Die billigsten Blumen, die es überhaupt gibt.«
»Aber ich habe zehn Stück geschickt!«
»Na wenn schon. Es muß einen fürchterlichen

Eindruck auf die Glicks gemacht haben. Jetzt werden sie uns für Geizhälse halten.«
Ich preßte die Lippen zusammen. Alles darf man mich nennen, nur keinen Geizhals. Am nächsten Morgen ging ich in die nächste Buchhandlung, erstand Winston Churchills vierbändige »Geschichte des Zweiten Weltkriegs« und ließ sie an Ingenieur Glick schicken.
Der Abend kam. Ein Anruf kam nicht. Zweimal wählte ich Glicks Nummer, zweimal legte ich im letzten Augenblick den Hörer wieder auf. Vielleicht hatte Glick übersehen, daß es sich um ein Geschenk von mir handelte?
»Unmöglich«, versicherte mir der Buchhändler. »Ich habe auf einer Begleitkarte ganz deutlich Ihren Namen angegeben.«
Zwei Tage verstrichen, zwei fürchterliche, zermürbende Tage. Am dritten Tag wurden mir die vier Bände Churchill zurückgestellt, in einem mangelhaft verschnürten Paket, dem folgender Brief beilag:
»Mein lieber Freund, begreifen Sie doch, daß ich für die Hilfe, die ich Ihnen am 15. November um 9 Uhr geleistet habe, weder Dank noch Belohnung verlange. Was ich tat, tat ich aus gutem Willen und aus dem Bedürfnis, einem Mitmenschen, der in eine schwierige Situation

geraten war, meine brüderliche Hand hinzustrecken. Das ist alles. Ich bin sicher, Sie an meiner Stelle hätten ebenso gehandelt. Mein schönster Lohn liegt in dem Bewußtsein, daß ich unter schwierigsten Bedingungen, in einem Dschungel von Eigensucht und Grausamkeit, ein menschliches Wesen bleibe. Herzlichst Ihr Glick. PS: Den Churchill habe ich schon.«

Abermals wunderte sich meine Gattin nicht im geringsten, als ich ihr den Brief vorlas:

»Ganz klar. Es gibt eben Dinge, die sich mit schnödem Mammon nicht abgelten lassen. Manchmal ist eine kleine Aufmerksamkeit mehr wert als das teuerste Geschenk. Aber ich fürchte, das wirst du nie verstehen, du Büffel.«

Was werde ich nie verstehen, was? Noch am selben Tag bekam Ingenieur Glick ein Geschenkabonnement für die Vorzugsserie der Philharmonikerkonzerte.

Am Abend des ersten Konzerts lag ich an der Ecke der Hubermanstraße im Hinterhalt. Würde er kommen?

Er kam. Beide kamen. Ingenieur Glick und Gattin wohnten dem von mir gestifteten Vorzugskonzert bei.

Aufatmend ging ich nach Hause. Zum erstenmal seit vielen Tagen fühlte ich mich von schwerem Druck befreit, zum erstenmal war ich wieder ich selbst. Pünktlich um zehn Uhr abends läutete das Telefon.

»Wir sind in der Pause weggegangen«, sagte Glick, und seine Stimme klang sauer. »Ein miserables Konzert. Ein miserables Programm. Ein miserabler Dirigent.«

»Ich ... ich bin verzweifelt«, stotterte ich. »Können Sie mir je verzeihen? Ich hab's gut gemeint, wirklich. Ich wollte mich ja nur für Ihre Hilfe von damals erkenntlich zeigen ...«

»Hoho, alter Junge«, unterbrach mich Glick. »Das ist es ja. Geben ist eine Kunst. Mancher lernt's nie. Man darf nicht nachdenken und nicht nachrechnen, man gibt aus vollem Herzen oder gar nicht. Wenn ich mich selbst als Beispiel anführen darf – Sie erinnern sich. Als ich Sie damals in hoffnungsloser Verzweiflung vor dem Parkometer stehen sah, hätte ich mir ebensogut sagen können: ›Was kümmert's dich, du bist kein Autobesitzer und brauchst dich mit einem Autobesitzer nicht solidarisch zu fühlen. Tu, als hättest du ihn nicht gesehen. Er wird es nie erfahren.‹ Aber so zu handeln, wäre eben nicht meine Art. ›Hier ist ein Mensch in Not‹, sagte ich mir. ›Er braucht dich.‹ Und schon – Sie erinnern sich – schon war das

Zehnpiasterstück im Schlitz Ihres Parkometers. Eine kleine Geste, weiter nichts. Und doch . . .«

Ich glaubte buchstäblich in die Erde zu versinken vor so viel Humanismus. Eine kleine Geste. Warum, lieber Gott, ermangle ich so völlig der Fähigkeit zu kleinen Gesten. Nicht nachdenken, nicht nachrechnen, nur geben, aus vollem Herzen geben . . .

»Glick hat vollkommen recht«, konstatierte die beste Ehefrau von allen. »Und jetzt ist der Karren natürlich völlig verfahren. Jetzt kann uns nur noch eine spektakuläre Aktion retten.«

Die ganze Nacht überlegten wir, was wir tun sollten. Den Glicks eine Eigentumswohnung kaufen? Mündelsichere Wertpapiere? Sie zu unseren Universalerben einsetzen? Wir zermarterten uns die Köpfe . . .

Schließlich brachte uns eine beiläufige Bemerkung des Ingenieurs auf den rettenden Einfall. Wie hatte er doch in seinem ausführlichen Monolog gesagt? Ich habe keinen Wagen, hatte er gesagt.

»Das ist die Lösung«, stellte die beste Ehefrau von allen befriedigt fest. »Du weißt, was du zu tun hast.«

»Aber ich kann auf meinen Wagen schon aus

Berufsgründen nicht verzichten«, wimmerte ich. »Ich brauche ihn.«
»Das ist wieder einmal typisch für dich. Du bist und bleibst eine levantinische Krämerseele.«

Der Wagen wurde mit einer ganz kurzen Begleitnote zu den Glicks befördert: »Gute Fahrt«, schrieb ich, und: »Nochmals Dank.«
Diesmal reagierte Glick positiv. Gleich am nächsten Morgen rief er mich an:
»Entschuldigen Sie, daß ich Sie schon zu so früher Stunde aufwecke. Aber ich kann den Wagenheber nirgends finden.«
Das Blut schoß mir zu Kopf. Vor mehr als einem Jahr war der Wagenheber gestohlen worden, und ich hatte noch immer keinen neuen gekauft. Jetzt wird Glick womöglich auf einer einsamen Landstraße einen Pneudefekt haben und mich bis an sein Lebensende verfluchen.
»Ich komme!« rief ich ins Telefon, kleidete mich in sausender Eile an, nahm ein Taxi und kaufte einen Wagenheber, den ich sofort bei Glick abliefern wollte.
Am Rothschild-Boulevard, auf den vom Magistrat zugelassenen Parkplätzen, deren Zulassung durch Parkometer kenntlich ist, sah ich einen Wagen stehen, der mir bekannt vorkam. Er war es. Mein Wagen stand vor einem Parkometer, vor dem Parkometer stand Ingenieur Glick und kramte verzweifelt in seinen Taschen.

Ich ließ das Taxi anhalten und stürzte mit einem heiseren Aufschrei auf Glick zu:
»Zehn Piaster? Werden wir gleich haben!«
Glick wandte sich um und erbleichte:
»Danke! Ich brauche keine. Ich habe sie selbst! Ich habe sie selbst!«
Er setzte die fieberhafte Suche fort. Ich nahm die meine auf. Wir keuchten beide vor Anstrengung. Denn uns beiden war klar, was auf dem Spiel stand. Glick stülpte eine Tasche nach der anderen um, ohne ein Zehnpiasterstück zu finden.
Nie werde ich das schreckensbleiche Gesicht vergessen, mit dem er zusah, wie ich mein Zehnpiasterstück langsam und genießerisch in den Schlitz des Parkometers versenkte:
»Hier, bitte!«
Vor meinen Augen begann Glick um mehrere Jahre zu altern. Er schrumpfte sichtbar zusammen, während er in die Hosentasche griff und mir die Schlüssel zu meinem Wagen aushändigte. Aus seiner Brusttasche zog er das Abonnement für die Philharmonie und übergab es mir unter leisem Schluchzen. Gegen Abend kamen Blumen für meine Frau. Man muß es ihm lassen: er ist ein guter Verlierer.

Ein verkehrter Verkehrsunfall

Ich traf Jossele in unserem Stammkaffee in bedauernswertem Zustand an.

Er hatte seine verletzte Hand im Hemdschlitz verborgen, dicht über dem Herzen, so daß man unwillkürlich an die typische Pose Napoleons denken mußte. Mit der Linken führte er geistesabwesend die Kaffeetasse zum Mund. Die Beine hatte er in schmerzfreier Haltung ausgestreckt, in seinem Gesicht prangten rote und blaue Wundmale.

»Jossele«, fragte ich, »was ist los?«

»Was ist los, was ist los«, gab er giftig zurück. »Ein Unfall ist los, sonst nichts.«

Der Unfall hatte sich zwei Tage zuvor ereignet, als Jossele seinen neuen Wagen einzufahren versuchte. Es war, milde gesagt, ein Wagen von geringen Ausmaßen, ein Kleinwagen, eine jener Minikonstruktionen, die dem Besitzer das Auffinden von Parkplätzen und den Ankauf von Treibstoff erleichtern sollen. Ein Zwergwagen. Länge: 2 Meter. Breite: 1 Meter. Höhe: nicht der Rede wert.

»Davon abgesehen, ist es ein sehr guter Wagen«, behauptete Jossele. »Natürlich gibt es am Anfang gewisse Schwierigkeiten mit dem Einsteigen. Man muß sich ein wenig hinunterbeugen, und da kann es schon vorkommen, daß man sich das Gesicht an der Fußmatte beschmutzt. Aber wenn man einmal drin ist und die richtige Position gefunden hat, um die Beine bis zu den Scheinwerfern auszustrecken, dann kommt man mühelos auf sechzig Stundenkilometer.«

»Diese Wagen sind jetzt sehr beliebt«, stimmte ich zu. »Und nicht nur bei uns. Erst unlängst habe ich in der Zeitung gelesen, daß ein solches Zwergauto in Argentinien von einem Lämmergeier attackiert wurde und glatt davonkam, weil der Fahrer es geistesgegenwärtig unter einen geparkten Laster steuerte.«

»Ja, es sind sehr zuverlässige Wagen«, bestätigte Jossele.

An seinem Unfall war natürlich die Gegenseite schuld. Jossele hatte an einer Verkehrsampel auf das grüne Licht gewartet und war streng nach Vorschrift losgefahren, als im letzten Augenblick ein Fußgänger zum Überqueren der Kreuzung ansetzte, plötzlich innehielt und mit Josseles Kotflügel zusammenstieß. Jossele verspürte einen dumpfen Schlag gegen die Fußsohlen, das Lenkrad drang in seine Mundhöhle und die Handbremse in seinen Ellbogen.

»Nur mit größter Mühe konnte ich mich freimachen«, fuhr Jossele in der Schilderung des Malheurs fort. »Ich wand mich aus dem Sitz heraus und öffnete den arg verklemmten Schlag. Der Anblick, der sich mir bot, war deprimierend. Mein Wagen glich, man kann es nicht anders ausdrücken, einer Ziehharmonika kurz nach dem Schlußakkord.«

»Entsetzlich. Und was war mit dem anderen?«

»Mit welchem anderen?«

»Mit dem Fußgänger?«

»Ach, der. Das war ein stämmiger Kerl, breitschultrig, mindestens hundert Kilo schwer. Dem ist nichts passiert. Nicht einmal ein Kratzer. Er staubte sich die Hose ab und wollte weitergehen. ›Haben Sie keine Augen im Kopf? Können Sie nicht aufpassen?‹ brüllte ich ihn an. ›Ich habe Sie nicht gesehen‹, entschuldigte sich der Mann. ›Ich habe in eine andere Richtung geschaut.‹ Und er zuckte die Achseln.«

»Um Ausreden sind diese Verkehrssünder nie verlegen«, warf ich ein.

»Du sagst es. Inzwischen hatte sich bereits eine Menschenmenge angesammelt und ergriff, wie es die Gewohnheit von Menschenmengen ist, sofort Partei. Verschiedene Rufe erklangen: ›Der muß Ihnen Schadenersatz zahlen . . . Er ist wie ein Schlafwandler umhergetorkelt . . . Lassen Sie ihn nicht entwischen . . .‹

Darauf schien der Mann es nämlich angelegt zu haben. ›Rühren Sie sich nicht!‹ rief ich ihm zu. ›Bleiben Sie stehen, bis die Polizei kommt. Das könnte Ihnen so passen – zuerst auf einer Verkehrsstraße Amok zu laufen und dann verschwinden. Dafür werden Sie teuer zu zahlen haben.‹

›Nur keine Aufregung‹, ließ der unverschämte Wegelagerer sich jetzt vernehmen. ›Sie sind ja versichert, oder nicht?‹

›Was wollen Sie damit sagen?‹

›Daß ich Ihr beschädigter Unfallsgegner bin.‹

›Das wären Sie nur, wenn ich Sie überfahren hätte.‹

›Sie haben mich angefahren, das genügt.‹

So ging es eine Weile hin und her«, berichtete Jossele zähneknirschend. »Das Blut stieg mir zu Kopf, als ich meinen kaputten Wagen ansah und dann meinen völlig intakten Unfallsgegner, dieses Monstrum, dem es nichts ausmachte, sich auf einen Zusammenstoß mit einem Zwergwagen einzulassen. Noch ein Glück, daß ich so langsam gefahren war, sonst läge ich jetzt im Spital. Aber das kümmerte den brutalen Kerl natürlich nicht.«
»Von so einem darfst du keine Rücksicht erwarten«, tröstete ich meinen auch seelisch verletzten Freund.
»Die Verkehrsstauung wurde immer größer«, nahm Jossele den unterbrochenen Faden wieder auf, »und die Anteilnahme der Umstehenden begann ins Detail zu gehen. Wohlmeinende Passanten empfahlen meinem Gegner, mich durch eine sofortige Bezahlung von mindestens fünfzig Pfund zu versöhnen. Der Kerl tat, als ob er taub wäre. Wie ein Betrunkener über die Straße zu stolpern – das fand er offenbar ganz in Ordnung. Aber die Verantwortung für seine Fahrlässigkeit zu übernehmen – das fiel ihm nicht ein.«
»Habt ihr euch geeinigt?«
»Nein. Nach einer Weile wurde er ungeduldig:

er könne hier nicht in alle Ewigkeit stehen bleiben wie eine Salzsäule, er müsse nach Hause, seine Frau würde sich Sorgen machen. Ich warnte ihn vor einer so schwerwiegenden Gesetzesübertretung und gab ihm zu bedenken, daß er den Unfallsort nicht verlassen dürfe, weil die Polizei den Hergang des Unfalls sonst nicht rekonstruieren könnte. Einige Herrenfahrer ermunterten mich: ›Er darf sich nicht vom Fleck rühren... Halten Sie ihn fest... Notieren Sie seine Nummer...‹ und dergleichen mehr.«

»Was für eine Nummer?«

»Die Nummer seines Personalausweises. Ich verlangte seine Papiere zu sehen. Er griff in die Tasche – aber das erwies sich als Täuschungsmanöver. Plötzlich wandte er sich um, durchbrach mit einem Satz den Ring der Umstehenden und flüchtete. Ich hinter ihm her. ›Aufhalten!‹ brüllte ich. ›Aufhalten den Banditen! Ich habe ihn überfahren! Aufhalten!‹ Aber es half nichts.«

Jossele starrte trüb in seinen Kaffee.

»Er ist entkommen. Ich mit meinem verletzten Bein konnte nicht so schnell laufen wie er. An einer Straßenkreuzung beging er einen weiteren Verstoß gegen die Verkehrsregeln und lief bei rotem Licht hinüber. Als gesetzestreuer Bürger wartete ich natürlich auf Grün – und inzwischen war er längst verschwunden. Ich ging sofort zur Polizei, meldete den Vorfall und gab eine genaue Personenbeschreibung des Übeltäters. Vergebens. Trotz sofort aufgerichteter Straßensperren wurde er nicht mehr gefunden. Vielleicht hat er sich in einem Taxi aus dem Staub gemacht, der Verbrecher. Wirklich, es gibt nichts Verächtlicheres, als einen Verkehrsunfall zu verursachen und das Opfer auf der Straße zurückzulassen. Ein so niederträchtiger Fall von Fußgängerflucht ist mir noch nicht vorgekommen.«

Verfolgungswahn

Ich hatte eine Ehrenkarte zu einem Konzert bekommen, was nicht unbedingt eine große Ehre war, da alle Musikkenner den Gastdirigenten für eine Zumutung hielten. Ich entschloß mich, trotzdem hinzugehen. Erstens, weil ich mich zu ängstlichen Dirigenten mit bescheidenen Taktstockbewegungen hingezogen fühle, und zweitens, weil das Fernsehen das Konzert nicht in Stereo übertrug.
Auf dem Weg zum Theater tauchte plötzlich ein Polizist vor meinem Wagen auf und stoppte mich. »Diese Woche habe ich meinen Strafzettel schon bekommen, Inspektor«, wehrte ich mich und zeigte das Schriftstück voller Stolz. »Versuchen Sie es nächste Woche wieder.«
Das Auge des Gesetzes ignorierte meine Äuße-

rung, riß die Autotür auf, ließ sich auf den Beifahrersitz fallen und kommandierte: »Fahren Sie los.«

»Ich denke nicht daran«, sagte ich, »verlassen Sie sofort meinen Wagen.«

»Vergeuden Sie keine Zeit«, brüllte der Polizist, »sehen Sie zu, daß Sie den blauen Fiat dort kriegen! Wir müssen ihn stellen.«

»Warum?«

»Ich habe gesehen, wie er gegen eine Einbahnstraße gefahren ist. Aber er ist mir entkommen, der Schuft. Los! Geben Sie Gas!«

Das Jagdfieber packte mich, und ich sauste los. Aber der blaue Fiat merkte sehr bald, daß wir auf seiner Fährte waren und steigerte das Tempo.

»Steigen Sie aufs Gas«, befahl mein Passagier. »Haben Sie genügend Benzin?«

Mir fiel plötzlich ein, daß ich Wichtigeres zu tun hatte:

»Hören Sie, ich habe eine Ehrenkarte für ein Konzert«, protestierte ich, »und ich habe bestimmt schon den Anfang versäumt.«

Er hatte auch Wichtigeres zu tun:

»Musik? Unsinn!« fuhr mich das Sicherheitsorgan an. »Da können Sie auch morgen hingehen. Etwas schneller, bitte.«

»Es ist eine Ehrenkarte«, zischte ich zurück, »lassen Sie wenigstens mich aussteigen.«
Inzwischen waren wir in den Vororten angelangt, der blaue Fiat und wir.
»Ich hatte auch einmal eine Ehrenkarte für den Zirkus und konnte nicht hingehen, weil mein Sohn die Masern bekommen hat. Das ist nicht das Ende der Welt.«
Schließlich ging uns der Fiat auf der Autobahn ins Netz. Ich überholte ihn und stieg vor ihm hart auf die Bremse, worauf er mit aller Wucht in mich hineinkrachte. Der Polizist schoß wie eine Rakete aus dem Wagen und stürzte sich auf den Verkehrssünder.
Nach einem kurzen, aber heftigen Handgemenge kam er etwas angeschlagen zurück und meinte, es müßte sich um einen anderen blauen Fiat gehandelt haben. Vielleicht sollten wir in der Stadt noch einige Runden drehen. Mit etwas Glück könnten wir den Richtigen doch noch kriegen.
Ich sagte: »Ohne mich, Inspektor, mir reicht's.«
Daraufhin wünschte er meine Papiere zu sehen.
»Ihre Versicherungskarte ist gestern abgelaufen«, sagte er. »Tut mir leid, aber ich habe

meine Vorschriften. Sie kriegen einen Strafzettel.«

So haben wir schließlich doch noch etwas erreicht. Nach unserer langen und dramatischen Verfolgungsjagd haben wir wenigstens mich erwischt.

Das Werkstatt-Kabarett

Seit Jossele sich seinen neuen Wagen gekauft hat, vergeuden wir unsere Zeit nicht mehr mit Theaterbesuchen. Wir veranstalten unser eigenes Werkstatt-Kabarett, gestern zum Beispiel in Onkel Bens Werkstatt. Onkel Ben ist Israels einziger Mechaniker mit Seele. Bei ihm wird man nicht geneppt. Er betrachtet seine Kunden als menschliche Wesen. Der Gedanke, ihn aufzusuchen, kam uns während einer kleinen Spazierfahrt auf der neuen Überlandstraße nach Haifa.

»Was für ein prachtvoller Wagen!« stellte Jossele mit hörbarer Genugtuung fest. »Fliegt nur so dahin. Kein Lärm, keine Fehlzündung, kein Stottern. Man sollte immer nur fabrikneue Wagen fahren.«

»Du hast recht«, bestätigte ich. »Was machen wir also?«

»Wir suchen eine Werkstatt auf.«
Onkel Ben empfing uns persönlich:
»Ärger mit dem Wagen?«
»Weiß der Teufel.« Jossele schüttelte besorgt den Kopf. »Irgend etwas stimmt nicht mit meinem Wagen.«
Onkel Ben forderte ihn auf, den Motor laufen zu lassen, und stellte nach einigen Sekunden intensiven Abhorchens fest, es läge an den Ventilen. Sie wären abgenützt und müßten durch neue ersetzt werden.
»Was wird das kosten?« fragte Jossele.
»Sechzig Pfund.«
»In Ordnung.«
»Damit kein Mißverständnis entsteht: sechzig Pfund für jedes Ventil«, verdeutlichte Onkel Ben. »Macht für sechs Ventile 360 Pfund. Okay?«
»Okay.«
»Für das Einsetzen der Ventile bekomme ich 400 Pfund. Wie klingt das?«
»Durchaus annehmbar.«
»Und würden Sie es für übertrieben halten, wenn ich Ihnen das Abmontieren der alten Ventile mit 600 Pfund berechne?«
»Nein, das würde ich nicht für übertrieben halten.«

»Natürlich nicht. 600 Pfund fürs Abmontieren? Da müßte ich ja verrückt sein. Aber ich mache Ihnen einen fairen Preis: 800 Pfund. Fair genug?«

»Gewiß. Es ist ja eine sehr anstrengende Arbeit.«

»Eben. Sechs Ventile zu 800 Pfund macht 4800 Pfund. Zu teuer?«

»In keiner Weise.«

»Dann gehen Sie bitte hinüber ins Büro und hinterlegen Sie eine Anzahlung von 6000 Pfund.«

»Danke.«

»Nichts zu danken. Den Wagen lassen Sie gleich hier.«

»Das ist nicht mein Wagen«, sagte Jossele. »Meinen Wagen bringe ich Ihnen morgen.«

»Und der hier?« Onkel Ben sah ein wenig dümmlich drein.

»Der ist gestern aus der Fabrik gekommen und in tadellosem Zustand.«

»Na schön«, ließ sich nach kurzer Pause Onkel Ben vernehmen. »Dann kommen Sie morgen her, und wir tauschen die Ventile aus.«

Einen nachdenklichen Meister zurücklassend, fuhren wir ab.

»Ich habe einen Fehler gemacht«, sagte Jossele

nach einer Weile. »Ich hätte ihm den Wagen um 5400 Pfund verkaufen sollen – dann wäre ich ihm nur 600 für die Reparatur schuldig gewesen. Daß einem oft die simpelsten Lösungen nicht einfallen! Na, schadet nichts. Morgen fahren wir in die Werkstatt der Brüder Salomon und spielen einen Vergaser-Sketch . . .«

Schade um das Benzin

Seit dem dramatischen Anstieg der Ölpreise war es nur eine Frage der Zeit, daß der jüdische Genius dieses Weltproblem lösen würde. Es war also keine Überraschung, als das Patent für die Erzeugung von synthetischem Benzin aus Grapefruitsaft erteilt wurde.
Der Errichtung einer Fabrik stand somit nichts mehr im Wege. Die umwälzende Erfindung sollte die bedrohlich geleerte Regierungskasse mit Geld und die israelischen Kraftwagen mit beinahe kostenlosem Benzin füllen. Die Investitionskosten wurden durch einen argentinischen Kredit und einen nicht weiter nennenswerten Zuschuß inländischen Kapitals aufgebracht.
Sechs Monate später erhob sich im Süden des Landes eine imponierende Fabriksanlage. Die

Maschinen, hergestellt auf Grund der Entwürfe eines nach Israel berufenen italienischen Ingenieurs, wurden aus der Schweiz geliefert. Weitere drei Monate später konnte die »Israelische Grapolin AG« den Betrieb aufnehmen.
Die Eröffnungsfeier, ein wahrhaft glanzvolles Ereignis, ging unter Teilnahme hoher Regierungsbeamter, ausländischer Investitoren und strahlender israelischer Manager vor sich. In einer kurzen Ansprache betonte der Handelsminister, daß Israel nun endlich einen Industriezweig besäße, dem es niemals an Rohmaterial fehlen würde. Sodann zog der argentinische Botschafter an einem nerzverbrämten Hebel, und die riesenhaften Maschinen traten unter ohrenbetäubendem Lärm in Tätigkeit. Unübersehbare Mengen von Grapefruits rollten auf den Fließbändern zu den Schneidevorrichtungen und von dort zu den Saftpressen, und bald darauf zeigten sich am Ende des großen Leitungsrohres die ersten Tropfen jener kostbaren Flüssigkeit, die in der Vergangenheit so viele blut- und tränenreiche Konflikte hervorgerufen hat. Ein neues Zeitalter schien anzubrechen.
Es scheiterte an Juanito, dem minderjährigen Sohn des argentinischen Botschafters. In einem

unbewachten Augenblick rannte der Knabe zu dem großen Tank, in den sich die Flüssigkeit ergoß, steckte den Finger hinein, leckte ihn ab und wiederholte das mehrere Male, bevor man ihn endlich wegzerren und einem rasch herbeigeholten Arzt übergeben konnte.
Die Untersuchung blieb ergebnislos. Trotz gründlicher Analyse wurde nichts Nachteiliges entdeckt. Die Flüssigkeit, die sich aus den Leitungsrohren ergoß, war kein Benzin. Es war klarer, trinkfertiger Grapefruitsaft.

Der Skandal, der daraufhin losbrach, erschütterte das Land in seinen Grundfesten. Die Behörden suchten fieberhaft nach den Schuldigen, die Schuldigen machten die Behörden verantwortlich, Klagen und Gegenklagen jagten einander. Wie erst jetzt bekannt wurde, hatte sich der italienische Ingenieur kurz vor der Grapolin-Eröffnung ins Ausland abgesetzt, ohne eine Adresse zu hinterlassen. Das bot der sensationshungrigen Presse neue Gelegenheit zu Brand- und Hetzartikeln, an denen die Autorität der Behörden empfindlichen Schaden zu nehmen drohte. Einer dieser Artikel verstieg sich zu der Behauptung, daß das Produkt der Grapolin-Werke, also der dort erzeugte Grapefruitsaft, von minderer Qualität sei. Eine Verleumdungsklage auf 200 000 Pfund Schadenersatz war die offizielle Antwort.

Auch sonst blieb die Regierung nicht untätig. Kommissionen und Unterausschüsse wurden eingesetzt, Berichte wurden erstattet, gelesen und verworfen. Nach wochenlangen hitzigen Debatten beschloß man, eine international anerkannte Autorität einzuladen, die ein bis zwei Jahre im Land bleiben und erforschen sollte, warum aus den Leitungsrohren kein Benzin herauskäme und was dagegen zu machen wäre.

Die internationale Autorität, ein amerikanischer Öl- und Kanonenbootexperte namens Joe Blowstine, verlangte sofort nach seinem Eintreffen die Grapolin-Werke zu sehen, trieb sich dort drei Tage lang herum, prüfte die Maschinen, inspizierte das Gelände und gab schließlich dem Generaldirektor des Unternehmens folgendes Ergebnis bekannt:

»Leider. Aus Grapefruits kann man kein Benzin machen.«

»Ja, schon gut«, erwiderte der Generaldirektor. »Aber trotzdem ...«

»Was heißt hier trotzdem? Es ist unmöglich.

Wenn Sie ungefähr zwei Drittel der Maschinen stillegen, können Sie mit dem Rest immerhin Grapefruitsaft erzeugen. Etwas anderes nicht.«
An dieser Stelle erhob sich der Generaldirektor, packte den Experten am Kragen, schüttelte ihn und sprach:
»Hören Sie. Auf solche Ratschläge verzichten wir. Wir haben in dieses Projekt Millionen und aber Millionen investiert, ganz zu schweigen von unserem Enthusiasmus, von unserer Energie und von den Propagandakosten. Und das alles für *noch* eine Grapefruitsaft-Fabrik? Davon haben wir schon eine ganze Menge. Hier müssen wir Benzin erzeugen. Und zwar aus Grapefruitsaft.«
»Unmöglich. Es geht nicht. Und jetzt lassen Sie mich gefälligst los.«

Der Handelsminister bot dem Experten, den er in sein Büro gebeten hatte, eine Zigarre an.
»Ich habe Ihre Expertise aufmerksam gelesen«, begann er, »und muß Ihnen gestehen, daß sie mich ein wenig enttäuscht hat. Ich beziehe mich da zum Beispiel auf die folgende, meiner Meinung nach doch etwas übertriebene Formulierung: ›Die Errichtung der Anlage offenbart ein erschütterndes Ausmaß von Verantwor-

tungslosigkeit, wie man ja überhaupt den ganzen Plan nicht nur als kindisch bezeichnen muß, sondern . . .‹, undsoweiter, undsoweiter. Halten Sie diese Ihre Einstellung für fruchtbar und konstruktiv? Wollen Sie behaupten, daß wir alle nichts als Dilettanten sind? Sie haben, verehrter Herr, für unsere Bemühungen kein einziges Wort der Anerkennung gefunden,

kein einziges Wort, mit dem wir den Bau der Fabrik vor unseren Steuerzahlern rechtfertigen könnten. Ein derart undifferenziertes, um nicht zu sagen oberflächliches Urteil haben wir von einem so weltbekannten Fachmann wahrhaftig nicht erwartet. Sie scheinen sich über das Ausmaß der Enttäuschung, die Sie uns verursachen, kein richtiges Bild zu machen. Wenn Sie wüßten ...«

Der Handelsminister konnte nicht weiterreden. Tränen liefen ihm über die Wangen.

»Aber was soll ich tun, Exzellenz?« murmelte der zutiefst betroffene Fachmann. »Es ist nun einmal so, daß man Benzin nicht aus Grapefruitsaft erzeugen kann.«

»Dann deuten Sie in Ihrem Bericht wenigstens an, daß wir an der Schwelle eines gewaltigen wissenschaftlichen Durchbruchs stehen.«

»Es tut mir leid – aber ich sehe nicht, wohin Sie durchbrechen wollen.«

Der Handelsminister schlug unvermittelt mit der Faust auf den Tisch.

»Wir werden Ihrem Sehvermögen schon nachhelfen«, brüllte er. »Adieu!«

Bald darauf sah sich Joe Blowstine gezwungen, sein Luxushotel zu verlassen und nach Jaffa zu übersiedeln, in ein kleines möbliertes Zimmer, von wo er nicht weit zur nächsten Autobusstation hatte. Das Regierungsauto, das ihm bisher zur Verfügung stand, wurde zu anderen Zwekken benötigt. Auch die Auszahlung des vereinbarten Gehalts stieß auf unvorhergesehene Buchungsschwierigkeiten.

Der Fachmann ließ sich von alledem nicht kleinkriegen.

»Nein«, erklärte er auf Befragen, »es geht nicht. Aus Grapefruitsaft kann man kein Benzin machen.«

Die Gewerkschaft schickte ihn auf einen sechsmonatigen Entwicklungskurs, von dem man sich einiges erhoffte. Die Hoffnung erfüllte sich nicht, hingegen wiederholte sich die Formulierung: »Es geht nicht. Es ist unmöglich, aus Grapefruitsaft Benzin herzustellen.«

Die folgende Woche verbrachte Joe Blowstine, von der Umwelt vollständig isoliert, im Negev. Dort suchte ihn der Generaldirektor der Grapolin-Werke auf.

»Nehmen Sie endlich Vernunft an, und schreiben Sie uns einen brauchbaren Bericht. Was haben wir Ihnen getan? Warum sind Sie überhaupt hergekommen? Wollen Sie uns vielleicht erpressen? Da kann ich Sie nur warnen, lieber

Herr. Mit solchen Leuten werden wir noch fertig!«
Damit zog er ein Papier aus seiner Tasche und legte es vor den Experten hin; es hatte folgenden Wortlaut:

Ich halte die Grapolin-Werke für ein höchst erfolgversprechendes Unternehmen. Der Einfall, der ihnen zugrunde liegt, ist genial und wird zweifellos Früchte tragen. Möge der Allmächtige dieses Vorhaben segnen!

Hochachtungsvoll

....

International anerkannte Autorität

»Unterschreiben Sie auf der punktierten Linie«, sagte der Grapolin-Direktor.
»Nein«, sagte die international anerkannte Autorität.

Am nächsten Tag wurde Joe Blowstine auf dem Flughafen Lod verhaftet, als er sich gerade in der Toilette eines startklaren Flugzeugs einschloß. Man brachte ihn ins Gefängnis, wo er bis zur Ausarbeitung der Anklage verbleiben sollte. Die Klage lautete auf Wirtschaftssabotage verbunden mit Fluchtversuch.

Nach einigen Tagen zermürbender Einzelhaft erschien abermals der Grapolin-Direktor, diesmal in Begleitung zweier breitschultriger eingeborener Fachleute.

»Also? Kann man aus Grapefruitsaft Benzin machen?«

»Eher noch Grapefruitsaft aus Benzin«, stöhnte Blowstine.

Und auch der Zuspruch der beiden einheimischen Experten konnte ihn zu keiner Änderung seines Standpunkts bewegen.

Unter bisher noch ungeklärten Umständen gelang ihm einige Wochen später die Flucht. Das offizielle Kommuniqué begnügte sich mit der Feststellung, daß »der international anerkannte Öl- und Kanonenbootexperte Joe Blowstine um vorzeitige Lösung seines Vertrags gebeten« hatte und daß sein Bericht über die Grapolin-Werke »vom Handelsministerium noch geprüft« werde.

Seit einiger Zeit wird in den Grapolin-Werken synthetischer Grapefruitsaft hergestellt. Die Meinungen über die Qualität des Erzeugnisses gehen auseinander. Eine international anerkannte Autorität wurde eingeladen, sie zu prüfen.

Auf Ölsuche

Jossele hat für derlei Probleme viel menschlichere Lösungen. Ein bedeutender Vorteil: sie funktionieren auch.
Es war ein warmer Frühlingsnachmittag, so recht geschaffen für einen Kaffeehausbesuch. Draußen pulsierte das städtische Leben, die ältere Generation oblag ihren Berufen, die jüngere stand Schlange vor den Kinos. Jossele schlürfte seinen Mokka und räkelte sich.
»Hättest du etwas dagegen, reich zu werden?« fragte er.
»Nicht das mindeste«, antwortete ich mit Überzeugung. »Aber wie?«
»Öl«, entschied Jossele. »Wir müssen nach Öl suchen.«
Gesagt, getan. Als erstes begaben wir uns zu einer nahegelegenen Tankstelle und fragten

den Boß, ob er billiges Benzin kaufen möchte. Ja, meinte der Boß, warum nicht, und woher wir's denn hätten? Von der Regierung, erklärte Jossele.

Als nächstes erwarben wir einen gut erhaltenen Gartenschlauch und etwa ein Dutzend antiquarischer Kanister. Dann faßten wir Posten an einer belebten Ausfallstraße aus Tel Aviv.

Der erste Wagen, den wir anhielten, war ein fettes, schwarzes Taxi.

»Guten Tag«, sagte Jossele höflich und bestimmt.

»Bitte öffnen Sie Ihren Tank.«

»Warum? Was ist los?« fragte der Taxifahrer ebenso bestimmt, aber weniger höflich.

»Treibstoffkontrolle. Das neue Gesetz gegen Luftverschmutzung. Wir müssen feststellen, ob Sie sauberes Benzin verwenden. Öffnen Sie, bitte.«

»Was zum Teufel –«

»Es hat keinen Sinn, mit mir zu streiten, Herr. Ich bin nur ein kleiner Beamter, der einen Auftrag des Verkehrsministeriums erfüllt. Machen Sie mir keine Schwierigkeiten, und öffnen Sie den Tank.«

Nach ein paar saftigen Flüchen folgte der Taxifahrer dem obrigkeitlichen Geheiß.

Jossele steckte den Finger in die Tanköffnung, zog ihn heraus, leckte daran und schnitt eine bedenkliche Grimasse: »Hm. Schmeckt nicht so, wie es sollte. Sie gestatten.«
Damit ergriff er den Schlauch, führte ihn in den Benzintank ein, pumpte zwei Kanister voll und versah sie in deutlicher Kreideschrift mit der Nummer des Taxis.
»Geht direkt ins Laboratorium für einen Wasserfrau-Test«, erläuterte er dem Fahrer. »Wenn's in Ordnung ist, haben Sie nichts zu fürchten. Aber jetzt müssen Sie Platz machen für den nächsten... Sie dort! Ja, der blaue Chevrolet! Hier herüber, bitte...«
Mittlerweile standen etwa zwanzig Wagen ordentlich hintereinander angereiht und warteten darauf, kontrolliert zu werden. Bis zum Einbruch der Dämmerung hatten wir mehr als 200 Liter Benzin gezapft, die wir zum Engrospreis an unseren Freund von der Tankstelle abgaben. Morgen kaufen wir ein paar Fässer und mieten einen Lieferwagen. Vielleicht schlagen wir der Regierung vor, mit uns gemeinsam in die Ölförderung einzusteigen.

Rauchzeichen

Etwas habe ich mir ein für alle Mal geschworen: ein Auto in der Familie ist genug. Ein Zweitwagen ist reiner Luxus, den sich nur Angeber leisten, die nicht fähig sind, ihren Ehefrauen gegenüber energisch aufzutreten.
Seit kurzem hat also die beste Ehefrau von allen einen Zweitwagen.
Es ist ein ziemlich großer Kleinwagen, der nur einen einzigen Fehler hat: er fährt nicht. Die beste Ehefrau von allen vergißt nämlich mit Vorliebe, die Handbremse zu lösen. Und das lähmt die Zugkraft des Wagens. Er kommt über ein paar ruckartige Ansätze nicht hinaus. Als nächstes beginnen dann die Reifen zu rauchen. Überdies verbreiten sie einen merkwürdigen Gestank, wie nach verbranntem Gummi oder Kautschuk. Wenn es soweit ist, ruft meine Frau

aus seiner stadteinwärts gelegenen Werkstatt den Mechaniker Mike herbei.
»Mike«, sagt sie, »als ich heute vormittag –«
»Ich weiß«, antwortet Mike. »Machen Sie die Handbremse los.«
Andererseits hat das handbremsenfeindliche Verhalten meiner Frau auch seine Vorteile. Sie ist dadurch leichter zu orten. Wenn ich sie zu Hause vergebens suche und wissen möchte, wo sie sich gerade befindet, brauche ich nur aufs Dach zu steigen und meine Blicke in Richtung Stadt zu lenken. Dort, wo eine kleine Rauchsäule aufsteigt, ist Frau Kishon. Eine sehr praktische Methode; allerdings keine sehr originelle, denn auch Indianer und Kardinäle verwenden Rauchzeichen.

Das Glück, wie man weiß, ist mit den dümmeren Bataillonen und sorgt dafür, daß der Kleinwagen meiner Frau nicht zu Schutt und Asche verbrennt. Im entscheidenden Augenblick, knapp vor dem tödlichen Infarkt, geht ihm das Benzin aus. Dann holt er tief Atem, hustet noch ein- oder zweimal und bleibt stehen.
Warum fährt meine Frau immer bis zum letzten Tropfen Benzin und noch ein paar Tropfen darüber hinaus? Warum tankt sie nicht recht-

zeitig? Künftige Forscher werden das entscheiden müssen. Mir ist es ein Rätsel. Vielleicht hofft sie, daß man irgendwo in der Negev-Wüste auf Öl stoßen wird. Vielleicht wartet sie auf ein ähnliches Wunder, wie es sich damals bei der Wiedereroberung des Tempels in Jerusalem begeben hat, als ein kleines Öllämpchen den Makkabäern trotz des Embargos sieben Tage und sieben Nächte lang brannte – zur Erinnerung daran feiern wir ja noch heute unser eigenes, Chanukka genanntes Lichterfest. Vielleicht wohnt der tiefe Glaube in ihr, Gott werde sie sieben Tage und sieben Nächte lang mit einem leeren Tank fahren lassen.

Vorläufig jedoch geschieht nichts dergleichen, der Wagen hustet und bleibt stehen, und da meistens der Ehemann der besten Ehefrau von allen neben ihr sitzt, wendet sie sich an ihn und sagt:

»O weh. Mir scheint, wir haben kein Benzin mehr. Geh welches holen.«

Da wir auf einem Zebrastreifen stehen, bleibt mir nichts anderes übrig. Es ist, als erwachte ein klassisches Ölgemälde, betitelt »Mann mit Kanister«, plötzlich zum Leben. Der Kanister liegt im Kofferraum und müßte eigentlich eine Treibstoffreserve enthalten. Leider vergißt meine Frau sehr oft, ihn zu füllen. Oder wenn sie ihn füllt, vergißt sie ihn zuzuschrauben, und da wäre es mir immer noch lieber, daß sie ihn zu füllen vergäße. Jedenfalls haben wir kein Benzin. Manchmal haben wir auch keinen Kanister, nicht einmal einen leeren. Dann muß ich mich eben vor einen herankommenden Wagen werfen und darauf vertrauen, daß der erschrockene Fahrer uns im Tausch gegen eine nicht erfolgende Schadenersatzklage etwas Benzin überläßt. Dieser erpreßte Treibstoff wird durch einen stinkenden Gummischlauch aus dem Tank des Spenders gesaugt, und die saugende Person ist immer der gesetzlich angetraute Ehemann meiner Frau. Ich habe mit der Zeit eine gewisse Vorliebe für Esso Super Oktan 96 entwickelt.

Nun mag ja die nicht gelöste Handbremse eine Folge von Vergeßlichkeit sein. Der nicht gefüllte Tank ist jedoch eine Folge kühler, wohldurchdachter Berechnung von seiten meiner Frau. Sie hat das Handbuch, das die Erzeugerfirma jedem Wagen mitgibt, sorgfältig gelesen, und dort steht schwarz auf weiß: »Wenn der Benzinanzeiger die rote Linie erreicht, enthält der Tank noch Treibstoff für etwa 8 km.«

»Alles in Ordnung«, beginnt Madame ihren

inneren Monolog. »Der Zeiger steht auf Rot, ich habe noch acht oder neun Kilometer bis nach Hause, und das schaffe ich mit Leichtigkeit.«
Manchmal schafft sie es wirklich und völlig unbekümmert darum, daß sie am nächsten Morgen nicht anfahren kann, weil der Tank leer ist. Hauptsache, daß sie es geschafft hat. Und außerdem: wozu hat sie einen Mann mit Kanister?
Ein- oder zweimal im Monat entfernt sich unser Haus, wenn der Zeiger den roten Distrikt betritt, bis auf 10 km vom Standort des Wagens. Dann steht die beste Ehefrau von allen vor der Alternative, entweder zu tanken oder eine Abkürzung zu nehmen. Tanken kommt, wie man weiß, nicht in Frage. Also abkürzen. Aber wie kürzt man ab? Noch dazu mit angezogener Handbremse?

Natürlich besitzt der Wagen ein kleines rotes Warnsignal, das wie verrückt zu blinken beginnt, wenn die Handbremse angezogen ist. Aber meine Frau muß zuerst feststellen, ob noch genug Benzin im Tank ist, und kann doch nicht gleichzeitig auf das Warnlicht und auf den Benzinanzeiger achten. Entweder – oder.
Einmal, nach einer besonders anstrengenden

»Mann-mit-Kanister«-Episode, fuhr ich den Wagen heimlich zu Mike dem Mechaniker und fragte ihn, ob er nicht ein zusätzliches Warnsignal einbauen könnte, etwas, das bei angezogener Handbremse laut zu ticken beginnt oder eine Sirene auslösen würde oder eine kleine Explosion.

Das hätte man ihn schon oft gefragt, sagte Mike. Einer seiner Kunden wollte sogar ein System von entsicherten Drähten installiert haben, das im Bedarfsfall elektrische Schläge austeilt.

Da ich das für übertrieben hielt, entschieden wir uns für eine musikalische Lösung. Dank einer sinnreichen Leitung vom Gaspedal zu einer Musikkassette wird in Hinkunft, wenn meine Frau mit angezogener Handbremse startet, das Torerolied aus »Carmen« ertönen.

Sollte einer meiner geneigten Leser demnächst auf einer der Hauptstraßen von Tel Aviv mitten im Stoßverkehr einen Wagen mit rauchenden Pneus stehen sehen, aus dem Bizets mitreißende Melodien erklingen, dann möge er getrost sein. Der Mann mit dem Kanister ist nicht weit.

Busfahren ist gefährlich

Vor ein paar Tagen erwarteten wir Besuch aus Amerika. Es handelte sich um eine angesehene Persönlichkeit und einen glühenden Bewunderer des Heiligen Landes. Unser Bekannter – wir wollen ihn Bob nennen, unter anderem deshalb, weil er ohnehin so heißt – taumelte zitternd und blaß in unser Wohnzimmer. Auf unsere besorgte Frage, was ihm denn zugestoßen sei, erzählte er uns, er hätte im Autobus Plonski getroffen.

»Normalerweise nehme ich ja immer ein Taxi«, fuhr Bob fort, nachdem er sich mit einem Drink gestärkt hatte. »Aber heute entschloß ich mich, mit dem Bus zu fahren. Irgendwo habe ich einmal gelesen, daß dies für einen Touristen die beste Methode wäre, die wahre Atmosphäre eines Landes kennenzulernen. Mit dem Daumen auf dem Puls der Bevölkerung reisen, wenn Sie wissen, was ich meine. Also, da kam ein Bus daher, und ich fragte einen Mann, wohin dieser Bus führe. Der Mann war Plonski.«

»Ein Bekannter von Ihnen?«

»Ach wo! Ich habe ihn noch nie im Leben gesehen. Er stand zufällig neben mir an der Bushaltestelle und schien ein harmloser Bürger zu sein, der, seinem gestutzten Schnauzbart nach zu urteilen, vielleicht sogar Englisch verstünde. Es stellte sich ziemlich bald heraus, daß er lieber und nur Jiddisch sprach, hingegen aber denselben Weg hatte wie ich.

Also blieben wir zusammen und setzten uns gemeinsam auf die hinterste Bank.

Nach zwei Haltestellen legte Plonski plötzlich den Kopf an meine Schulter und begann zu weinen. Es war rührend, wenn auch recht peinlich.

Ich fragte ihn, was ihm zugestoßen sei, und er begann zu erzählen, daß ihn seine heißgeliebte Frau, diese billige Nutte, verlassen hätte. Sie lebe jetzt in New York, und ob ich sie nicht zufällig kenne. Ich versuchte ihn zu trösten, sagte ihm, es seien schon viel schlimmere Dinge auf der Welt passiert und erkundigte mich ganz nebenbei nach seinem Namen. Plonski sagte mir, daß er Plonski heiße, und seine Frau Rifka, aber mit ef. Ich versicherte ihm, es täte mir leid, aber die Dame sei mir nicht bekannt.

»Na ja, New York ist schließlich kein Provinznest.«

»Eben. Das habe ich auch gesagt. Da begann Plonski zu jammern und zu betteln, ich möge doch seine Frau in New York anrufen und ihr ausrichten, sie möge unbedingt wieder zu ihm zurückkehren. Ich versprach ihm, mein Bestes zu tun und schrieb die Adresse der Dame, mit ef, in mein Notizbuch. Plonski war außer sich vor Freude. Er fiel mir um den Hals, küßte mich ab, und versicherte mir, ich sei ein Engel. Nach zwei weiteren Stationen aber wurden seine Augen plötzlich schmal, und er fragte mißtrauisch: ›Sagen Sie mal, wie kommen Sie eigentlich dazu, meine Frau einfach anzurufen?‹ Ich fragte völlig verwirrt zurück, was er damit sagen wolle und ob ich seine Frau nun etwa nicht anrufen solle, obwohl er mich doch eben darum angefleht hätte. Da packte er mich am Hals ...«

»War er stark?«

»Stark nicht, aber zornig. Jedenfalls packte er

mich an der Gurgel, schüttelte mich wie einen Mixdrink und begann zu schreien: ›Ich bringe dich um, wenn du an meine Frau auch nur einen Gedanken verlierst, du elender Schuft. Ich kenne euch amerikanische Halunken, ich bin nicht von gestern!‹ Die Passagiere drehten ihre Köpfe nach uns und ließen einige abfällige Bemerkungen über Touristen fallen, die glaubten, sie könnten für ihre schmutzigen Dollars alles kaufen. Hoch und heilig schwor ich Plonski, Frau Rifka nicht anzurufen, nicht für alles Geld der Welt, aber er gab meine Gurgel erst frei, nachdem ich mein Notizbuch in tausend kleine Fetzen zerrissen hatte. An der nächsten Haltestelle stieg ich aus. Plonski würdigte mich keines Blickes und murmelte vor sich hin, er hätte eigentlich wissen sollen, daß man diesen Lumpen von Ausländern nicht über den Weg trauen dürfe.«

»Man kann so etwas nicht verallgemeinern«, meinte ich. »An Ihrer Stelle würde ich jedoch seltener Autobus fahren.«

»Ich teile Ihre Meinung«, versicherte mir Bob und bat mich, ihm einen Krankenwagen zu bestellen.

Augenzeugen müssen blind sein

Welchen besonderen Genuß es bereitet, auf den eigenen fahrbaren Untersatz zu verzichten und ein öffentliches Verkehrsmittel zu benützen, kann ich aus persönlicher Erfahrung mit folgendem dramatisierten Erlebnis beweisen.

Ort der Handlung: Jede israelische Autobushaltestelle
Zeit: Jederzeit
Personen: Lauter gesetzestreue Bürger

DR. PARTZUF *(bricht die bereits geschlossenen Türflügel auf und drängt sich in den zur Abfahrt bereiten Bus):* In Ordnung. Fahren wir!

FAHRER *(stellt den Motor wieder ab):* Sie dort! Steigen Sie aus!

DR. PARTZUF: Warum?

FAHRER: Ich bin kein Auskunftsbüro. Sagen Sie

schön »Idiot« oder etwas Ähnliches, und steigen Sie aus.

Dr. Partzuf: Ich denke nicht daran. Hier ist Platz genug. Die Herrschaften brauchen nur ein wenig zusammenzurücken. Na? Wird's bald? *(Er drängt mit voller Wucht gegen die geballte Menge.)*

Die Seitenwand: Autsch ... Ch-ch ... *(es entsteht ein Sprung)*

Nervöser Herr: Was gibt's denn? Was denkt sich der Fahrer eigentlich? Ein Passagier mehr oder weniger spielt doch keine Rolle! Fahren wir!

ÄLTERE DAME: Ganz richtig. Noch dazu ein so magerer Mensch. Der nimmt sowieso keinen Platz weg. Fahren wir endlich!

FAHRER: Solange der Mann noch im Wagen ist, wird nicht gefahren. Ich habe Zeit.

DR. PARTZUF: Idiot! *(will aussteigen)*

ZWICKER *(packt ihn am Ärmel)*: Warten Sie, warten Sie. Nur nicht nervös werden. Und Sie, Fahrer – hören Sie mit den Witzen auf und lassen Sie diesen armen Kerl mitfahren. Aus so etwas macht man keine Prestigefrage. Geben Sie Gas, und fahren Sie los.

FAHRER: Ich weiß nicht, mit wem Sie reden. Ich habe Zeit.

NERVÖSER HERR: Unverschämtheit! Und das heißt Sozialismus? Der Mann will an seinen Arbeitsplatz. Er hat es eilig. Fahren Sie schon endlich, Sie Kretin!

MANFRED TOSCANINI: Durch solche Fahrer entstehen die Wirtschaftskrisen. Es ist ein Skandal.

ÄLTERE DAME: Pfui!

EIN IRAKI: Ben Gurion. Natürlich Ben Gurion.

DR. PARTZUF: Ich möchte aussteigen.

ZWICKER: Immer mit der Ruhe, alter Freund.

Wir lassen Sie nicht aussteigen. Das ist jetzt nicht mehr Ihre Privatangelegenheit. Es betrifft uns alle. Seien Sie kein Feigling. Hauen Sie dem Fahrer eine hinein, und gut.

DR. PARTZUF: Ich möchte aussteigen.

VIELE STIMMEN: Nichts da ... Hiergeblieben ... Bestehen Sie auf Ihrem guten Recht, Mann ... Sie sind Steuerzahler ... Wir dürfen uns nicht tyrannisieren lassen ... Heute dir, morgen mir ...

NERVÖSER HERR *(beugt sich zum Fenster hinaus, was streng verboten ist):* Polizei! Polizei!

FAHRER *(sortiert mit nervenzermürbender Ruhe sein Kleingeld)*

POLIZIST *(zwängt sich mühsam in den Wagen):* Alles nach hinten, bitte!

DER SPRUNG IN DER SEITENWAND: Ch-ch-ch ... *(wird größer)*

POLIZIST: Nicht drängen! Was geht hier vor?

NERVÖSER HERR: Der unverschämte Kerl von einem Fahrer hat diesen Herrn hier einen Idioten geschimpft und wollte ihn vom Trittbrett stoßen ... Natürlich mußte sich der Herr zur Wehr setzen und hat ihn geboxt ... Daraufhin hat der Fahrer zurückgeschlagen ... Das ist alles.

POLIZIST: Wenn das so ist, nehme ich den Fahrer sofort auf die Polizeistube mit. *(Zieht sein Rapportbuch hervor.)* Ich brauche zwei Zeugen für die Gerichtsverhandlung ...

EIN KALTER LUFTZUG *(weht durch den Autobus und kriecht lähmend über die Rücken der Passagiere, die beim Gedanken an tagelanges Sitzen und Warten in den dunklen Gerichtskorridoren von wachsender Furcht befallen werden)*

POLIZIST: Ihr Name?

NERVÖSER HERR: Ich Tourist. Nicht sprechen Hebräisch. Amerikaner. Nje ponjemaj po ruski.

POLIZIST: Vielleicht Sie?

ÄLTERE DAME: Das machen Sie gut! Und wer wird für den kleinen Herschl kochen? Sie? No also. Außerdem hab ich nichts gesehn. Ich hab meine Brille zu Haus vergessen.

POLIZIST: Sie heißen?

IRAKI: Ben Gurion.

POLIZIST *(blickt zornig um sich):* Jetzt ist es genug. Wenn sich keine Zeugen melden, kann ich gegen den Fahrer nicht einschreiten ... He, Sie dort!

PANIK *(greift um sich. Alles drängt verzweifelt zum einzigen Ausgang der Mausefalle. Der Autobus gleicht einem Hexenkessel. Bruder kämpft gegen*

Bruder, Söhne verkaufen ihre Väter. Da und dort sieht man angstgeschüttelte Gestalten aus den Fenstern springen.)

POLIZIST *(deckt den Ausgang mit seinem Leib):* Schluß! Sie dort – kommen Sie sofort her! Wie heißen Sie?

MANFRED TOSCANINI: Dr. Ezechiel Sauermilch, interne Krankheiten, Abdul-Nasser-Boulevard 101, zweimal läuten ... *(er versteckt sich unter der Bank, während der Polizist Notizen macht)*

POLIZIST: Jetzt brauche ich noch einen Zeugen ... *(Es herrscht vollkommene Stille. Man hört eine asthmatische Fliege gegen ein Fensterglas ansurren.)*

NERVÖSER HERR: Ich weiß gar nicht, was man gegen diesen Fahrer überhaupt aussagen sollte. Ist es vielleicht seine Schuld, wenn ein undisziplinierter Fahrgast sich weigert, einen zum Bersten überfüllten Autobus zu verlassen?

ÄLTERE DAME: Ganz meine Meinung! Der jüdische Autobuslenker arbeitet unter den schwierigsten Bedingungen – und dann kommt so ein Schwarzhändler daher ...

MANFRED TOSCANINI *(steckt seinen Kopf unter der Bank hervor):* Gegen den wackeren Arbeitsmann darf man überhaupt nichts mehr sagen! Die Zeiten sind vorbei!

DR. PARTZUF: Ja ... nein ... gewiß ... ich wollte ja gar nicht ...

ZWICKER: Schweigen Sie! Vor ein paar Minuten haben Sie noch das Maul aufgerissen – und jetzt wissen Sie plötzlich von nichts. Sie sind mir ein Held! Nächstens steigen Sie aus, wenn der Fahrer Sie höflich darum ersucht!

MANFRED TOSCANINI: Warum halten wir uns so lang mit dem Kerl auf? Wir brauchen ihn nur hinauszuwerfen und können weiterfahren.

VIELE STIMMEN: Jawohl ... Sehr richtig ... Wachtmeister, werfen Sie diesen fetten Gauner hinaus ... Der Fahrer hat vollkommen recht ... Das wäre ja noch schöner ... Fahren wir ...

DR. PARTZUF: Aber bitte ... ich wollte ja ...

POLIZIST *(wirft ihn hinaus):* Ich werde Sie lehren, den Verkehr aufzuhalten ... Marsch ... Stehen Sie sofort vom Pflaster auf ... Ihre Identitätskarte!

FAHRER *(läßt den Motor an):* Vielen Dank, Jungs. Das habt ihr brav gemacht.

Amtshandlung mit menschlichen Zügen

Es beginnt regelmäßig damit, daß man zu seinem geparkten Wagen zurückkommt, wo ein Uniformierter soeben dabei ist, ein Strafmandat auszuschreiben.

»Was steht auf dieser Tafel, Herr?« fragt er ohne aufzublicken.

»Hier steht«, antwortete ich zaghaft, »Parken verboten bis 19 Uhr...«

»Und wie spät ist es?«

»19 Uhr 30.«

»Also?«

»Also darf ich hier parken.«

Das Auge des Gesetzes blinzelt verblüfft, sieht mich an, sieht die Verbotstafel an, dann wieder mich, dann den Wagen, dann seine Uhr und dann das Ganze noch einmal.

»Hm... ja... richtig. Aber was mache ich jetzt

mit dem Zettel? Wir haben strenge Vorschrift, ein einmal ausgeschriebenes Strafmandat nicht mehr zurückzuziehen. Und das ist eine sehr gute Vorschrift, Herr. Sonst würden die Fahrer, die wir bei einem Verstoß ertappen, so lange betteln und winseln, bis wir –«

»Aber ich habe ja gar keinen Verstoß begangen«, unterbrach ich.

Der Hüter des Gesetzes dachte nach:

»Was Sie da sagen, hat etwas für sich. Ich behaupte nichts Gegenteiliges. Und wenn Sie mich rechtzeitig gewarnt hätten, so hätte ich diesmal, ausnahmsweise, fünf gerade sein lassen. Aber jetzt kann ich nichts mehr machen. Sie sind zu spät gekommen, Herr. Also unterschreiben Sie hier auf der punktierten Linie und passen Sie nächstes Mal besser auf die Verkehrszeichen auf.«

Ich betrachtete ihn genauer. Für einen Verkehrspolizisten wirkte er verhältnismäßig sympathisch. Er war keiner von diesen Glattrasierten ohne Schnurrbart. Er schien ein Mensch zu sein.

»Ich habe nichts verbrochen«, sagte ich. »Ich zahle keinen Cent.«

»So?« Er hob drohend die Stimme. »Und wer wird zahlen? Vielleicht ich? Von meinem

Gehalt? Ich bin Familienvater, Herr!« Dann wurde er etwas sanfter. »Es sind ohnehin nur fünfzig Pfund. Wenn ich aufsässig wäre, hätte ich Ihnen den Paragraph 5/T verpassen können. Also unterschreiben Sie endlich.«

»Aber ich bin doch vollkommen schuldlos!«

»Vollkommen schuldlos?« Jetzt wurde er zornig. »Und wie oft haben Sie die Verkehrsvorschriften gebrochen, ohne daß man Sie erwischt hätte? He? Ein merkwürdiges Benehmen, das muß ich schon sagen. Wenn man Ihnen den Wagen stiehlt, rennen *Sie* sofort zur Polizei. Wenn Sie einen Unfall haben, können wir gar nicht rasch genug zur Stelle sein. Aber wenn Sie lumpige 50 Pfund zahlen sollen, werden Sie renitent!«

»Schon gut, schon gut«, sagte ich entschuldigend, unterschrieb und nahm das Strafmandat entgegen. »Man wird vielleicht noch fragen dürfen.«

»Aber nur, wenn's etwas zu fragen gibt«, belehrte mich das Amtsorgan und ging ab.

Rechtsprechung mit menschlichen Zügen

Es war kurz nach 23 Uhr, als ich von einer wilden Orgie nach Hause fuhr. Plötzlich tauchte dicht vor meiner Kühlerhaube ein Hund auf. Ich riß den Wagen nach links, geriet auf den Gehsteig und von dort in einen Obst- und Gemüseladen, schlitterte zwischen sorgfältig angeordneten Zitrusfrüchten und Tomaten hindurch bis an die Rückwand, die ich krachend durchbrach, und landete auf der anderen Seite in einer ruhigen Wohngegend. Ein Laternenpfahl brachte mich zum Stehen und schlug sodann der Länge nach hin.
Nach erstaunlich kurzer Zeit erschien ein Hüter des Gesetzes, zog sein Notizbuch hervor und begann in den Trümmern meines Wagens nach mir zu forschen. Er fand mich schließlich im weit aufgeklafften Kofferraum, einigermaßen

verkrümmt zwischen dem Ersatzreifen und der gebrochenen Achse.

»Was ist los?« fragte er.

»Nichts Besonderes«, antwortete ich. »Ich versuche hier zu parken.«

»Keine dummen Witze, Herr! Sie sind vorschriftswidrig gefahren, und das wird Sie teuer zu stehen kommen.«

Ich kroch aus meinem ehemaligen Wagen auf den Vertreter der Staatsgewalt zu:

»Ein Grundsatz unserer Rechtsprechung lautet, daß man unschuldig ist, solange man keiner Schuld überführt wurde. Vergessen Sie das nicht!«

»Mir brauchen Sie nicht zu sagen, was ich nicht vergessen soll. Ich werde Sie jedenfalls zur Anzeige bringen.«

»Warum?«

»Weil ich deutlich gesehen habe, wie Sie aus dem Gemüseladen herausgekommen sind.«

»Das tun zahlreiche Hausfrauen jeden Tag.«

»Aber Sie sind vorher hineingefahren.«

»Und? Wozu habe ich einen Wagen? Andere gehen zu Fuß, ich fahre.«

Meine Logik schien ihn zu beeindrucken. Er kratzte sich am Hinterkopf. Dann nahm er wieder Haltung an:

»Außerdem parken Sie gerade jetzt auf dem Gehsteig, oder nicht?«

»Nur vorübergehend. Wollen Sie eine solche Kleinigkeit hochspielen?«

Der Ordnungshüter stieg verlegen von einem Fuß auf den anderen:

»Und der zertrümmerte Gemüseladen?«

»Wir wollen Gemüse und Gehsteig scharf auseinanderhalten. Nur nicht zuviel auf einmal. Dann würde ich unter Umständen zugeben, daß ich vorschriftswidrig gefahren bin.«

»Was soll das heißen?«

Ich faßte ihn unterm Arm und begann mit ihm friedlich auf und ab zu gehen:

»Hören Sie zu, mein Freund. Wir beide können nur gewinnen, wenn wir zusammenarbeiten. Das verkürzt den Prozeß, und Sie müssen nicht immer wieder vor Gericht erscheinen, um sich von gerissenen Rechtsanwälten ins Kreuzverhör nehmen zu lassen. Seien Sie vernünftig. Sie ersparen sich damit eine Menge Unannehmlichkeiten.«

»Außerdem sind Sie mit achtzig Stundenkilometern gefahren.«

»Warum nicht sechzig? Auch damit habe ich die zulässige Höchstgeschwindigkeit überschritten, und es klingt besser.«

»Und Sie haben einen Hund getötet.«

»Eine Katze.«

Die Untersuchung war an einem toten Punkt angelangt. Nochmals erklärte ich meine Bereitschaft, mich in einigen Punkten schuldig zu bekennen, wenn die Anklage einige andere Punkte fallenließe:

»Lassen wir den Laden beiseite«, schlug ich vor, »und nehmen wir statt dessen den Laternenpfahl.«

»Unmöglich.«

»Gut, nehmen wir beide. Aber mit vertauschtem Schaden.«

»Ich verstehe nicht.«

»Schreiben Sie, daß ich in den Laternenpfahl hineingefahren bin und den Gemüseladen geknickt habe.«

»Der Laternenpfahl ist nicht geknickt, Herr. Sie haben ihn umgelegt.«

»Hm. Warten Sie. Mir fällt etwas ein.« Aufs neue trat ich mit meinem Partner einen vertraulichen kleinen Spaziergang an. »Voriges Jahr habe ich einen Fernsehapparat durch den Zoll geschmuggelt, ohne erwischt zu werden. Ich bin bereit, den Schmuggel nachträglich zu gestehen, wenn Sie dafür den Laternenpfahl weglassen.«

»Ganz so wird's nicht gehen. Ich muß ihn zumindest erwähnen. Sagen wir: Sie haben ihn gestreift.«

»In diesem Fall würde ich nur einen Transistor geschmuggelt haben.«

»Der Beschuldigte hat ein Rundfunkgerät ohne Einfuhrbewilligung importiert«, notierte der Ordnungshüter. »Und was machen wir mit dem vorschriftswidrigen Fahren?« fragte er.

Ich schlug als Ersatz einen Kinderwagen vor, den ich im Frühjahr bei einem Parkmanöver beschädigt hatte. Der öffentliche Ankläger war einverstanden, vervollständigte das Protokoll durch einige neutrale technische Daten und hielt es mir hin:

»Hier, bitte. Unterschreiben Sie auf der punktierten Linie.«

Schon wollte ich den Kugelschreiber ansetzen, als mir ein neuer Gedanke kam:

»Einen Augenblick. Haben Sie Zeugen?«

Das Auge des Gesetzes glotzte:

»Nein... eigentlich nicht... es war ja kein Mensch auf der Straße...«

»Abgesehen von mir«, sagte ich. »Und das bedeutet, daß Sie auf mich angewiesen sind. Ich bin Ihr einziger Zeuge. Wenn ich die Anklage nicht unterstütze, bricht sie zusammen. Das sollten Sie bei Ihrer Aussage bedenken!«

»Ja, schon gut«, stöhnte das Amtsorgan. »Lassen Sie uns zu Ende kommen, ich bitte Sie!«

Der Morgen dämmerte. Ich unterschrieb das Protokoll als Staatszeuge in Sachen Rundfunkgerät und Kinderwagen, verabschiedete mich von meinem uniformierten Freund mit einem kräftigen Handschlag und ging nach Hause.

Die beste Ehefrau von allen empfing mich ein wenig ungehalten. Warum ich so spät nach Hause käme? Was denn geschehen sei?

Ich bedauerte, in ein schwebendes Verfahren nicht eingreifen zu dürfen, und verweigerte die Aussage.

Freund in der Not

Der Wolkenbruch erwischte mich mitten im Stadtzentrum. Natürlich hatte ich keinen Regenschirm. Glücklicherweise erblickte ich ein herumstreunendes Taxi. Ich brüllte aus Leibeskräften, riß die Türe auf, machte einen Hechtsprung ins Innere des Wagens und befahl dem Fahrer: »Fahren Sie los, egal wohin!«
Dann erst fiel mein Blick auf den knochigen Unbekannten am anderen Ende der Sitzbank, der gleichzeitig mit mir von der gegenüberliegenden Seite herein gehechtet war. Wir starrten einander an, bis die Spannung zwischen uns unerträglich wurde.
»Tut mir leid«, sagte der Taxifahrer, »ich darf nur einen Fahrgast befördern.«
»Oje«, stöhnte ich. »Warum?«
»Vorschrift«, erklärte der Taxler vorschriftsmä-

ßig. »Während einer Fahrt kein zweiter Fahrgast. Also keine Verbrüderung, bitte.«
Es war einer jener historischen Augenblicke, in denen sich die unterdrückten Massen gegen die allmächtige Bürokratie zuammenrotten.
»Was heißt hier Verbrüderung, wir gehören zusammen«, sagte ich dem Fahrer, und prompt wandte ich mich an meinen knochigen Mitfahrer: »Hast du eine Ahnung, Walter, warum Lefkovitz am Sonntag nicht gekommen ist? Shlomo war fuchsteufelswild, und man kann es ihm nicht einmal übelnehmen.«
»Shlomo ist ein Trottel«, kapierte der Knochige blitzschnell. »Er hat genau gewußt, daß Lefkovitz eine leichte Kolik hatte. Übrigens, findest du nicht auch, daß Shlomo sich in letzter Zeit vollkommen verändert hat?«
Der Fahrer drehte sich um und durchbohrte uns mit seinem Blick. In seinen Gesichtszügen spiegelte sich ein gewisses Mißtrauen. Daher fühlte ich mich verpflichtet, dem Knochigen all meine Vorbehalte gegen den unverschämten Shlomo und seine Machenschaften zu eröffnen. Der Taxifahrer gab sich geschlagen und fuhr los. Während der Fahrt besprach ich mit Walter eingehend die obskuren Familienverhältnisse von Dr. Grünberger, unter besonde-

rer Berücksichtigung der Seitensprünge seiner zweiten Frau. Als unser Taxifahrer in einer Gesprächspause leicht bremste, ergriff uns Panik, und wir erweiterten unseren Themenkreis auf die drei siamesischen Katzen dieses liederlichen Weibes ...
Als wir endlich aus dem Taxi stiegen, der Knochige und ich, waren wir so gut befreundet, daß wir in der nächsten Bierstube weitere zwei Stunden Lefkovitz' Nierensteine, Shlomos trübe Geschäfte und Grünbergers ärgerlichen Lottogewinn besprachen.
Dann hörte es auf zu regnen.
Wir fuhren mit einem Taxi heimwärts. Unterwegs machten wir noch einen Höflichkeitsbesuch in der nächsten Irrenanstalt, Walter und ich, und fühlten uns ganz wie zu Hause.

Fernsehen hat Vorrang

Es war ein klassischer Verkehrsunfall. Ich habe alles beobachtet. Ein Pkw streifte eine ältliche, mit dem Überqueren der Straße beschäftigte Fußgängerin, geriet ins Schleudern und fuhr auf einen geparkten Lieferwagen auf, tatsächlich auf, ungefähr bis zur Hälfte der Ladefläche. Es war, rein geometrisch betrachtet, ein merkwürdiger Anblick. Der Pkw-Fahrer verharrte auf seinem Sitz, ließ den Kopf aus dem Fenster und die Zunge aus dem Mund hängen und schien sich nicht besonders wohl zu fühlen.

Die Zweiwagenpyramide lockte alsbald eine größere Menschenmenge an, die – wie immer in solchen Fällen – nichts Vernünftiges zu tun wußte. Nur ein junger Mann behielt den Kopf oben und eilte zur nächsten Telefonzelle. Nach einer Minute kam er zurück:

»Ich habe sie verständigt«, berichtete er. »Sie fahren sofort los. Der Kameramann sagt, daß man nichts anrühren soll.«
»Es ist zu spät«, bemerkte ein Zuschauer. »In die Abendnachrichten kommt's nicht mehr. Bevor sie den Film entwickeln und schneiden, und was es da sonst noch zu tun gibt – das schaffen sie nie.«
»Doch, sie schaffen es«, widersprach ein anderer.
In aller Augen leuchtete die Fernseh-Gier, in aller Ohren klang schon jetzt die Stimme des Ansagers: »Unser Reporter befragte an der Unfallstelle einige Augenzeugen.« Vielleicht kommt ein ganzes Team mit drei oder vier Kameras. Vielleicht werden die Aufnahmen für die neue Erziehungsserie des Verkehrsministeriums verwendet: »Die Schrecken der Straße, und was man dagegen tun kann.« Dann würden sie mehrmals hintereinander gesendet werden. Dann kommen wir mehrmals hintereinander auf den Bildschirm.
Der Pkw-Fahrer oben auf der Pyramide begann zu stöhnen. Das hat uns gerade noch gefehlt: daß er zu Bewußtsein kommt und die Aufnahme schmeißt! Auch auf den Polizisten mit seinem ewigen »Bitte zurücktreten!« könnte

man verzichten. Hämische Zurufe schwirrten ihm entgegen:
»He, Lieutenant Kojak ... Hältst du dich für die Straßen von San Francisco ... Du möchtest wohl allein die ganze Show bestreiten, was ...«
Jemand schlug vor, den Pkw noch ein wenig höher zu schieben, damit es richtig sensationell aussähe.
»Lassen Sie nur«, sagte ich. »So, wie er jetzt liegt, ist es gut genug.«
Damit stand für die Menge fest, daß ich ein Mann vom Fernsehen wäre. Einige erinnerten sich, mich in der Sendereihe »So ist das Leben« gesehen zu haben und umringten mich aufgeregt:
»Euer Popsong-Programm ist miserabel«, beschwerte sich einer. »Warum engagiert ihr keine italienischen Sänger? Sie sind die besten.«
Die ältliche Dame, die den Unfall verursacht hatte – ihr selbst war weiter nichts geschehen –, fand es unschön von mir, daß der verbilligte Seniorentarif abgeschafft worden sei. Das hätte ich nicht tun dürfen, meinte sie.
Ein Pensionist zupfte mich am Ärmel: auf seinem Bildschirm erschienen immer wieder diese gewissen Wellenlinien, und ich sollte das end-

lich reparieren. Im ganzen schien die Ansammlung mit meiner Regie des Vorfalls nicht recht zufrieden zu sein, aber niemand sprach es deutlich aus, weil alle ins Bild kommen wollten.

Der Fahrer oben stöhnte schon wieder.

Plötzlich erklang eine freudige Stimme:

»Sie kommen!«

»Keine Spur!« entgegnete die Menge. »Das ist nur die Ambulanz.«

Es war ein schlimmer Augenblick. Was, wenn die Sanitäter den Verletzten abtransportierten? Wo bleiben dann die Aufnahmen?

»Tragen Sie ihn noch nicht weg!« baten die Umstehenden. »Nicht bevor die anderen kommen! Bitte!«

Das Ambulanzteam erkannte die Stichhaltigkeit dieses Ansuchens und übte Zurückhaltung. Nur der Sanitäter, der die Tragbahre bereithielt, warf einen besorgten Blick zu dem eingeklemmten Fahrer hinauf: »Vielleicht braucht er eine Bluttransfusion oder sonst etwas?«

»Nein, nein«, beruhigte man ihn. »Der nicht. Eben hat er sich wieder bewegt. Und außerdem will er ja ins Bild kommen.«

Ein paar Halbwüchsige kletterten auf Later-

nenpfähle, um im geeigneten Augenblick in die Kamera grinsen und winken zu können.
»Wasser«, hörte man den Fahrer abermals stöhnen. »Wasser...«
»Du kriegst einen ganzen Eimer voll!« wurde ihm zugerufen. »Aber jetzt halt still!«
Ein Taxi bog um die Ecke, hielt an und entließ einen schläfrigen Gesellen mit einer Kamera, gefolgt von einem Minderjährigen mit einem Mikrofon.
Die Menge verstummte ehrfürchtig. Für die meisten war es das erste Mal, daß sie der Erfindung Fernsehen sozusagen in Fleisch und Blut begegneten. Ein alter Mann murmelte einen Segensspruch.
»Was ist los?« fragte der Kameramann.
Die beinahe überfahrene Fußgängerin bezog Posten: »Er hat mich beinahe überfahren!« rief sie mit schriller Altweiberstimme. »Beinahe überfahren hat er mich!«
Ein Samurai-Typ in einem japanischen Sporthemd stieß sie beiseite:
»Ich hab's genau gesehen! Diese kleine Wanze kam in rasendem Tempo herangesaust...«
Ringsum ertönten Protestrufe:
»Der Kerl war ja gar nicht dabei... Er ist spä-

ter gekommen als die Ambulanz ... Und jetzt stiehlt er uns die Show ... Unerhört ...«
Auch ich war angeekelt. Warum haben sie nicht mich gefragt?
»Ich selbst bin ein routinierter Fahrer«, sagte der Samurai gerade in die emsig surrende Kamera. »Fuhr einen Ferrari. Habe an Autorennen teilgenommen. Aber dann hat meine Schwester diesen Verbrecher geheiratet, und da hat mein Vater gesagt: Schluß mit den Autorennen. Na ja, und wie dann die Scheidung kam, war ja vorauszusehen, nicht wahr, da hat's also bei mir mit dem Training Schwierigkeiten gegeben, man wird ja nicht jünger ...«
Inzwischen hatte ich mich an die Kamera herangearbeitet und wäre gut ins Bild gekommen, wenn mich die fast Überfahrene nicht weggezerrt hätte.
»Er hat *mich* überfahren!« kreischte sie wütend. »Mich, nicht Sie!«
Die alte Hexe war mir in der Seele zuwider. Jetzt begann sie sogar zu heulen, nur um die Kamera auf sich zu ziehen. Ich, der ich bekanntlich in der Sendung »So ist das Leben« mitgewirkt habe, werde schnöde übergangen, weil sich eine uninteressante Vettel ohne die geringste Kameraerfahrung vordrängt. Man

sollte gar nicht glauben, wozu Leute imstande sind, um ins Bild zu kommen.
Kurz entschlossen boxte ich die alte Hexe in die Hüfte, schob mich auf den von ihr usurpierten Platz und deutete auf mich:
»Hallo, Kinder!« stieß ich in großer Hast hervor. »Hier ist Papi! Er war dabei!«
Ein Wißbegieriger nahm die Gelegenheit wahr und richtete ausgerechnet an mich die Frage, ob es sich hier um Video oder um Stereo handelt, der Idiot. Das nützte wiederum der Samurai aus, um die Lebensgeschichte seiner Schwester zu beenden. Kein Wunder, daß der Kameramann es vorzog, die Wagenpyramide zu erklimmen und sein Gerät auf den Fahrer zu richten.
Als der Fahrer das sah, öffnete er die blutleeren Lippen und flüsterte:
»Um Himmels willen ... nicht das Profil ..., bitte von vorne ...«
Der Inhaber eines nahegelegenen Ladens drängte sich mit einem Glas Wasser durch die Reihen der Gaffer:
»Ich bringe Wasser für den Verunglückten!« rief er mit breitem Lächeln in die Kamera. »Trinken Sie, alter Junge! Es wird Ihnen guttun!«

Jetzt war der große Augenblick des Verunglückten gekommen:
»Soll ich hinunterkriechen?« fragte er den Kameramann. »Geben Sie mir ein Handzeichen, wenn's so weit ist!«
Die Sanitäter mit der Tragbahre traten in Aktion. Beim drittenmal klappte es. Die Show war zu Ende.
Erwartungsvoll ging ich nach Hause.
Punkt 21 Uhr versammelte sich die Familie um den Fernsehschirm, um Papi in den Abendnachrichten zu sehen. Der Sprecher vertrödelte kostbare Minuten mit allerlei politischem Firlefanz, aber dann war endlich mein Unfall dran. Achtung, jetzt–!
»Wo bist du, Papi?« fragte unsere Jüngste. »Man sieht dich ja gar nicht!«
Tatsächlich. Diese Halunken hatten fast den ganzen Samurai im Bild gelassen, dazu etwas Hexe und die Ambulanz. Mich hatten sie geschnitten. Statt dessen trat irgendein offizieller Phrasendrescher vor die Kamera und sprach über Verkehrssicherheit und dergleichen überflüssiges Zeug.
Die können lange warten, bevor ich wieder an einem ihrer Unfälle mitwirke!

Für die Katz'

In einer der neuen Wohnbauten unserer Regierung hatte endlich auch Sulzbaum eine Wohnung bekommen, der Glückspilz, und lud mich ein, sie zu besichtigen.

»Ich habe noch keine Adresse«, sagte Sulzbaum, »weil das Haus noch nicht numeriert ist. Deshalb muß ich dir genau erklären, wie du hinkommst. Du fährst bis zur Rabbi-Cook-Straße in Ramat Gan. Kümmere dich nicht um die erste Abzweigung nach links. Auch nicht um die zweite. Nimm die dritte. Sie ist leicht zu erkennen, weil an der Ecke ein Mann in einem gelben Pullover sitzt und seinen Sohn verprügelt. Dann kommst du an drei gefleckten Kühen vorbei und biegst links ab, wo die Häuser stehen, die noch keine Dächer haben. Und jetzt gib acht. Deine nächste Abzweigung ist die zweite Straße rechts. Nicht die erste, denn in der ersten wohnen die Orthodoxen, die am Sabbath mit Steinen nach Radfahrern werfen. Also die zweite Straße rechts. Wenn du richtig fährst, triffst du auf ungefähr halbem Weg einen jungen Mann, der vor einem Geräteschuppen kniet, sein Motorrad repariert und die Regierung verflucht. Kurz darauf wird dir ein unangenehmer Gestank entgegenschlagen. Dem mußt so so lange folgen, bis du auf den

Kadaver einer Katze stößt, die vor zwei Monaten überfahren wurde. Das ist der Punkt, wo du nach rechts abbiegst und zu einem Privatweg mit der Tafel ›Durchfahrt verboten‹ kommst. Nachdem du durchgefahren bist, bleibst du stehen und fragst nach der Blumenhandlung. Den weiteren Weg kann ich dir nicht erklären. Er ist zu kompliziert. Ich werde vor der Blumenhandlung auf dich warten. Wann kommst du?«

»Um elf Uhr«, antwortete ich. »Vielleicht nicht auf die Minute genau. Sagen wir: zehn nach elf. Gut?«

»Gut.«

Es war leider nicht gut, obwohl es sich ganz gut anließ. Rabbi Cook machte mir keine Mühe, der gelbe Pullover prügelte wie angekündigt seinen Sohn, die drei gefleckten Kühe befanden sich an der ihnen zugewiesenen Stelle, ebenso der Regierungsgegner mit dem Motorrad, auch an Gestank herrschte kein Mangel – aber die tote Katze war nirgends zu sehen. Ich mußte umkehren und nach Hause zurückfahren.

Sulzbaum meint, der Katzenkadaver wäre von den Schakalen weggeschleppt worden. Er wird einen anderen herbeischaffen, damit ich mich beim nächstenmal zurechtfinde.

Parkplatz-Safari

Jossele kam von der Ecke der Fruchtmann-Straße auf mich zugeeilt. »Entschuldige«, keuchte er. »Es hat so lange gedauert, ehe ich einen Parkplatz fand.«

Ich traute meinen Ohren nicht. Die Fruchtmann-Straße – eine schmale, sonnendurchglühte Häuserzeile und noch dazu eine Einbahn in entgegengesetzter Richtung – lag gute fünf Minuten von unserem Stammcafé entfernt.

Was veranlaßte Jossele, den genialen Überwinder aller irdischen Schwierigkeiten, seinen Wagen gerade dort zu parken?

Wir hatten Gustis Kaffeehaus erreicht, ließen uns nieder, bestellten den üblichen Espresso und beobachteten den Nahen Osten in Aktion. Draußen wimmelte es von tatendurstigen jungen Polizisten, die ihre Tagesquote noch nicht erfüllt hatten und nach Parksündern Ausschau hielten. Tafeln mit Aufschriften wie »Parken verboten«, »Halten verboten«, »Parken und Halten verboten« verschönten das Stadtbild. Eine schräg vor der Kaffeehausterrasse angebrachte Tafel »Ladetätigkeit nur von 14–16 Uhr« erwies sich als besonders ertragreich und brachte der Regierung pro Stunde ungefähr 500 Pfund ein.

»Es gibt für den Staat keine bessere Investition als einen Verkehrspolizisten«, konstatierte Jossele. »Wenn so einer in der Stunde nur drei Strafmandate zu 80 Pfund ausschreibt, hat er nach zwei Tagen sein Monatsgehalt verdient, und der Rest ist Reingewinn. Kein Wunder, daß jetzt auch weibliche Kräfte eingestellt werden.«

»Hier liegt wahrscheinlich der Grund«, vermutete ich, »warum das Parkproblem in den großen Städten gar nicht gelöst werden soll. Das würde den ganzen Staatshaushalt über den Haufen werden.«

Jossele erwog einen neuartigen Ausweg:

»Vielleicht sollte man für die Autofahrer Straf-Abonnements in einer bestimmten Höhe auflegen, so daß sie den Strafzettel selbst unter den

Scheibenwischer stecken können, und wenn sie ihren Block verbraucht haben, kaufen sie einen neuen. Das würde den ganzen Vorgang vereinfachen und außerdem häßliche Zusammenstöße mit der Obrigkeit vermeiden.«

»Aber es würde Tausende von Polizisten beiderlei Geschlechts arbeitslos machen«, gab ich zu bedenken.

»Und was ist mit den Lückenwächtern?«

»Mit wem?«

Jossele erklärte mir diesen neuen Beruf. Die Lückenwächter, auch Parklochhyänen genannt, lungern am Randstein der dafür geeigneten Straßen herum, warten, bis ein Wagen wegfährt, stellen sich dann vor den freigewordenen Platz und winken jeden, der ihn zu benützen versucht, mit einem barschen »Besetzt!« weiter – bis irgendein Idiot bereit ist, für die Benützung zu zahlen. In der Umgebung der Herzl-Straße kassieren sie für einen amerikanischen Straßenkreuzer 20 Pfund, an Sonn- und Feiertagen 30. Mit dieser Gebühr sind auch Anweisungen wie »Links einschlagen ... noch ein Stückchen ... stopp!« abgegolten.

»Besser eine Parkhyäne als ein Strafmandat«, sagte ich. Jossele schüttelte den Kopf:

»Jetzt kennst du mich schon so lange und hast

noch immer nichts gelernt. Was heißt da Strafmandat? Wenn man die Verhaltensweisen der israelischen Polizei studiert hat, braucht man kein Strafmandat zu fürchten. Angewandte Psychologie, weißt du. Ich parke grundsätzlich nur in engen Seitengassen, auf dem Gehsteig, mindestens dreißig Meter mit dem Rücken zur Hauptstraße, wo die Gesetzesaugen patrouillieren. Mein Wagen ist der einzige, den sie sehen, und zwar in beträchtlicher Entfernung von der Straßenecke. Wird der Hüter der Verkehrsgesetze jetzt vielleicht diese ganze Strecke zurücklegen und obendrein riskieren, daß er auf der Windschutzscheibe dann schon ein Strafmandat vorfindet? Er wird nichts dergleichen tun. Dazu ist er viel zu faul. Und dazu gibt es viel zu viele Parksünder, die es ihm bequemer machen. Komm. Ich will's dir beweisen.« Wir begaben uns an den Ort der Beweisführung, passierten ganze Reihen wütend hupender Autos, die nicht vorwärtskamen, und hatten alsbald die Fruchtmann-Straße erreicht. Tatsächlich: auf dem Gehsteig, in stolzer Einsamkeit, stand Josseles Wagen.
Mit einem Zettel unter dem Scheibenwischer.
Ein Strafmandat. Ein Strafmandat für Jossele.

Das war ihm noch nie passiert. Er erbleichte. Ich meinerseits konnte eine leise Schadenfreude nicht unterdrücken.

»Angewandte Psychologie, was? Zum Selbstkostenpreis von 80 Pfund, wie?«

»Wann wirst du endlich erwachsen werden,

mein Kind«, brummte Jossele, sperrte den Wagen auf und ging weiter.
Ich folgte ihm, ohne zu fragen, was er vorhatte. Das würde sich ja bald genug herausstellen.
Auf der nächsten Polizeiwachstube stellte es sich heraus.
»Inspektor«, meldete Jossele dem diensthabenden Organ, »irgendwo in Ihrem Rayon ist mein Wagen gestohlen worden. Wo, kann ich nicht genau sagen. Es war eine mir unbekannte Abzweigung der Dizengoff-Straße.« Und er gab noch einige weitere Aussagen zu Protokoll. Die Polizeistreifen des Rayons empfingen über Sprechfunk die Anweisung, den gestohlenen Wagen zu suchen.
»Ich warte in Gustis Kaffeehaus«, verabschiedete sich Jossele.
Eine Stunde später hatten unsere Freunde und Helfer den Wagen gefunden. Er stand auf dem Gehsteig der Fruchtmann-Straße. Der Sergeant, der ihn zurückbrachte, wehrte Josseles Dank bescheiden ab:
»Wir tun nur unsere Pflicht«, sagte er; und fügte mit maliziösem Grinsen hinzu: »Aber wenn wir den Dieb erwischen, wird er zu allem anderen auch noch ein saftiges Strafmandat zu bezahlen haben!«

Ein Profi am Steuer

Menschen, die den alten Lustig nicht näher kennen, halten ihn für einen Taxifahrer. Er ist prinzipiell schlecht rasiert, seine Augen sind demonstrativ rot und geschwollen, weil er absichtlich zu wenig schläft. Beim Gehen klirren in seiner Tasche zahllose Autoschlüssel, und wenn er sitzt, dann nur hinter dem Lenkrad seines schwarzen Taxis. Genaugenommen ist Lustig ein Taxifahrer. Diese lapidare Definition jedoch wird den Tatsachen nicht annähernd gerecht.

De facto managt Lustig den internationalen Flughafen von Tel Aviv.

Das habe ich selbst herausgefunden, als vorige Woche mein Wagen streikte und ich ausgerechnet in sein Taxi stieg, um zum Flughafen zu fahren. Ich sollte einen entfernten Onkel abho-

len, dessen Ankunft für 7 Uhr 30 morgens angekündigt war. »Regen Sie sich nicht auf«, beruhigte mich Lustig, als wir uns dem Flughafen näherten. »Lustig weiß Bescheid. Mit was fliegt er denn, Ihr Onkel?«
»Soviel ich weiß mit der Sabena.«
»Und deswegen habe ich mich so beeilen müssen?« Lustig nahm seinen Fuß vom Gaspedal. »Die Maschine kommt erst um 8 Uhr 40 an. An Donnerstagen hat Sabena immer 1 Stunde 10 Minuten Verspätung. Air France 25 Minuten und TWA 1 Stunde 12 Minuten. Paß- und Zollkontrolle werden nicht zu lange dauern, weil zu diesem Zeitpunkt das Zollgewerkschaftskomitee seine allmorgendliche Sitzung abhält. Ihr Onkel wird ein bißchen erschöpft sein nach dem Sturm über Griechenland, aber ansonsten munter und fröhlich, wenn auch verärgert wegen des säuerlichen Rotweins, den ihm die schlampige Stewardeß serviert hat.«
»Wieso wissen Sie das alles?«
»Wieso Lustig das weiß, fragt er! Werter Herr, ich fahre seit über vierzig Jahren zum Flughafen und zurück. Ich bin heute so weit, daß ich einem Menschen nur ins Gesicht schaue, und schon weiß ich, wo er herkommt, wieviel Geld er bei sich hat und was er schmuggelt. Ein Blick,

und ich weiß: fünf Koffer und eine Hutschachtel. Ich habe mich noch nie um mehr als ein Stück Handgepäck geirrt. Bedenken Sie, vierzig Jahre...«

Wir erreichten den Flughafen. Ein Wachposten verlangte meine Identitätskarte. Vor Lustig hingegen salutierte er.

»Im Moment tut sich ziemlich viel hier«, bemerkte Lustig, »wegen der vielen Emigranten aus Osteuropa. Sachen kann man hier erleben – manchmal gehen die einem wirklich nahe. Vorigen Montag zum Beispiel kam eine alte Frau an, die ihre Tochter fünfundzwanzig Jahre lang nicht gesehen hat. Fünfundzwanzig Jahre, Herr! Die sind einander um den Hals gefallen und haben geschlagene zehn Minuten lang abwechselnd geweint und gelacht...«

In diesem Augenblick strömte eine Schar von Passagieren in die Ankunftshalle. Ein junger Mann drängte sich durch die wartende Menge, stürzte auf einen langbärtigen Mann zu, und beide brachen in Tränen aus.

Lustig beobachtete die beiden schweigend. Dann sagte er:

»Dreizehn Jahre.«

Auch Radfahren ist gefährlich

Auch die merkwürdigsten Geschichten müssen irgendwie beginnen. Diese zum Beispiel beginnt mit dem Besuch zweier honoriger Herren. Sie läuteten eines Tages an meiner Wohnungstür und erkundigten sich, ob ich der wäre, den sie suchten. Dann stellten sie sich vor, sie seien Vertreter der Stadtverwaltung von Jaffa und wären beauftragt, mich zu einem Vortrag über die Pariser Architektur einzuladen.
»Wer wird diesen Vortrag halten?« erkundigte ich mich eher desinteressiert.
»Sie, mein Herr.«
Selbstverständlich lehnte ich ab.
Daraufhin wurde mir bedeutet, daß ich persönlich für sämtliche baulichen Mängel in der Stadt Jaffa verantwortlich gemacht würde, wenn ich mich weigerte, diesen Vortrag zu halten.

Also nahm ich selbstverständlich das ehrende Anerbieten an.
Das Rathaus von Jaffa liegt nicht allzuweit von meinem Wohnsitz entfernt. Demnach beschloß ich, statt meines Wagens die Dienste meines altbewährten Fahrrades in Anspruch zu nehmen.
Sicherheitshalber unterzog ich es vorerst einer technischen Überprüfung und mußte leider feststellen, daß die Antriebskette ziemlich viel Rost angesetzt hatte. Kurz entschlossen brachte ich das Fahrrad zu unserem Haus- und Hofmechaniker Awri mit der Bitte, die Kette zu erneuern, oder sonst etwas damit zu tun.
Awri betrachtete mißmutig die Kette, klopfte leicht gegen die Lenkstange und verkündete sein Urteil:
»Morgen früh.«
Am nächsten Morgen sprang ich munter aus dem Bett und erschien kurz danach mit Proviant und Gummiflickzeug, für alle Fälle, vor Awris Werkstatt. Sie war mit drei riesigen Vorhängeschlössern hermetisch abgeriegelt.
Ich ging eine Weile unruhig auf und ab und überlegte, was zu tun sei. Abwechselnd blickte ich auf die drei Schlösser und auf meine Uhr, bis aus dem benachbarten Lebensmittelge-

schäft der dicke Ladenbesitzer hervorquoll, um mich mißtrauisch zu fragen:
»Was haben Sie hier zu suchen, mein Herr?«
»Den Mechaniker Awri«, teilte ich ihm mit.
»Er ist krank«, sagte der Dicke. »Was wollen Sie von ihm?«
»Mein Fahrrad. Er wollte es bis heute früh in Ordnung bringen.«
Der Dicke führte mich in den Hof und zeigte mir Awris Geräteschuppen. Genaugenommen war es nicht einmal ein Schuppen. Es handelte sich lediglich um eine Art Baldachin aus Teerpappe, der von vier Holzpfosten windschief abgestützt wurde. Darunter war ein knappes Dutzend Fahrräder zu sehen, die alle sehnsüchtig ihrer Reparatur entgegenharrten.
Meines war das fünfte von rechts.
»Wunderbar«, sagte ich, »ich werde mein Fahrrad gleich mitnehmen.«
»Hier werden Sie nichts mitnehmen«, verkündete der Krämer mit Stentorstimme. »Sie werden gefälligst warten, bis Awri wieder gesund ist.«
Einerseits freute ich mich über die staatsbürgerliche Wachsamkeit des Dicken, andererseits brauchte ich das Fahrrad. Also holte ich den amtlichen Zulassungsschein für meinen fahr-

baren Untersatz hervor, um zu beweisen, daß es sich tatsächlich um mein Eigentum handelte. Aber der Mann war nicht umzustimmen, er blieb fest wie der Fels von Gibraltar.
Mir blieb nichts anderes übrig, als mich von dem sturen Kerl freundlich zu verabschieden. Dann spazierte ich einmal um den Häuserblock und kehrte unter Einhaltung sämtlicher Vorsichtsmaßnahmen auf Zehenspitzen zurück. Im Hof angelangt, ging ich schnurstracks zum Schuppen und begann, mein Fahrrad aus seiner Belagerung zu befreien. Es war nur noch ein einziges Rad zwischen mir und dem meinen...
Da hörte ich plötzlich ein rabiates Brüllen hinter mir:
»Wenn Sie nicht sofort verschwinden, hole ich die Polizei!«
»Lieber Freund«, versuchte ich den dicken Krämer zu beschwichtigen, »es geht um die städtebauliche Zukunft der Stadt Jaffa.«
Noch bevor ich ausgesprochen hatte, standen etliche aufgeregte Nachbarn um uns herum. Der wutschnaubende Zerberus erklärte jedem, der es hören wollte, er habe mich von allem Anfang an durchschaut, weil ich den verstörten Blick eines ausgekochten Sittenstrolches hätte.

Seine Suada kulminierte in der wehmütigen Feststellung, solche Leute wären vor 30 Jahren gar nicht ins Land hineingelassen worden . . .
Da plötzlich kam mir eine geniale Idee: Warum warten, bis mich der Mob an die Polizei ausliefert? Ich selbst würde zur Polizei gehen und auf meinem Recht bestehen. Wenn ein Polizist mein Fahrrad aus dem Schuppen holt, kann doch niemand ernsthafte Einwände vorbringen, oder? Gedacht, getan. Ich eilte zur nächsten Polizeiwache, um dem diensthabenden Beamten zu erklären, daß mein Fahrrad komischerweise . . .
»Moment, mein Herr«, unterbrach mich der Ordnungshüter mit ausgesuchter Höflichkeit, »zunächst einmal bin ich angehalten, Ihre werten Personalien zu Papier zu bringen. Erst dann sehe ich mich in der Lage, Ihrer Beschwerde nachzugehen. Name? Geboren? Wo? Warum? Familienstand? Vorstrafen . . .«
Schon nach einer Viertelstunde – das Formular war inzwischen mit vielen kleinen Buchstaben übersät – gab mir der Beamte zu verstehen, daß er nun bereit sei, meine Beschwerde entgegenzunehmen.
»Wer hat etwas von einer Beschwerde gesagt?« frage ich. »Es geht um mein Fahrrad. Es befin-

det sich beim Mechaniker Awri in einem offenen Schuppen ...«

»Offener Schuppen«, wiederholte der Mann mit der Amtskappe und schrieb »offener Schuppen« ins Protokoll. Er begann offensichtlich, die Sache zu durchschauen. Dann wandte er sich wieder an mich: »Ist Ihnen bekannt, wer den Schuppen aufgebrochen hat?«

»Nein, nein, der Schuppen war ja schon immer offen ...« »Identität des Täters nicht feststellbar«, notierte der gewissenhafte Beamte. Dann erkundigte er sich weiter: »Haben Sie irgendeinen begründeten Verdacht?«

»Warum soll ich irgendeinen Verdacht haben? Ich will nur mein Fahrrad zurück.«

Um die Prozedur zu beschleunigen, legte ich dem Mann meine amtliche Zulassung für »Inbetriebnahme und Benutzung eines zweirädrigen Gefährts ohne Motorantrieb« vor. Der Gesetzeshüter studierte das Dokument mit aller gebotenen Aufmerksamkeit.

»Die Papiere sind in Ordnung.«

»Gott sei Dank! Können wir jetzt endlich hingehen?«

»Eine diesbezügliche Entscheidung kann erst nach Unterzeichnung des Protokolls gefällt werden.«

Er reichte mir ein dicht beschriebenes Papier mit der Aufforderung, meinen Namen darunterzusetzen. Ich las: »Heute morgen um acht Uhr siebenundvierzig erschien hieramts der erregte Beschwerdeführer, um dem diensthabenden Journalbeamten zu hinterbringen, daß sich sein Fahrrad (die diesbezüglichen Begleitdokumente entsprechen den amtlichen Vorschriften laut gültigem Straßenverkehrsgesetz) in einem Schuppen befände, der von einem oder mehreren unbekannten Täter(n) aufgebrochen wurde. Der Beschwerdeführer besteht auf eingehender Untersuchung sowie auf angemessener Entschädigung.«

»Was soll das sein?« fragte ich.

»Ein ordnungsgemäßes Protokoll, welches der Behörde erst die nötigen Voraussetzungen schafft, entsprechend einzugreifen.«

»Aber ich wollte doch nur den Rost von der Kette entfernen lassen . . .«

»Davon steht nichts im Protokoll, also ist es gegenstandslos. Unterzeichnen Sie bitte.«

»Wenn ich unterzeichne, gehen wir dann mein Fahrrad holen?«

»Herr Beschwerdeführer, ich fordere Sie hiermit zum letztenmal auf, die Amtshandlung nicht hintanzuhalten.« Während ich meine

Unterschrift auf das Protokoll setzte, ging mir kurz die gescheiterte Stadtplanung von Jaffa durch den Kopf. Aber ich zwang mich zur Ruhe und ließ den Beamten wissen, daß ich in Zeitdruck wäre.

»Dann nehmen Sie Platz und warten Sie.«

»Worauf?«

»Soll ich etwa das Wachzimmer unbemannt lassen? Sobald die Funkstreife zurückkommt, werden Sie mit ihr an den Tatort fahren, um an Ort und Stelle den Hergang der Tat zu rekonstruieren.«

Ich versuche, die Schilderung des nun Folgenden sachlich und kühl zu gestalten. Nach etwa eineinhalb Stunden war noch immer keine Spur von der Funkstreife zu sehen.

Während dieser Zeit läutete nur ein einziges Mal das Telefon und der diensthabende Beamte meldete seinem Vorgesetzten, daß keine besonderen Vorfälle zu berichten wären. Lediglich ein Fall von Diebstahl eines zweirädrigen Zivilfahrzeuges sei angezeigt worden, und zwar in Tateinheit mit dem Aufbrechen eines Schuppens.

Während der gewissenhafte Ordnungshüter mit seinem Vorgesetzten sprach, pirschte ich mich an ihn heran und bat im Flüsterton, einige

Worte mit dem Chef sprechen zu dürfen. Doch es wurde mir, ebenfalls im Flüsterton, der Bescheid zuteil: »Dafür sind keine gesetzlichen Vorkehrungen getroffen worden, Herr Beschwerdeführer.«
Zu diesem Zeitpunkt war ich nicht nur einigermaßen nervös, sondern auch hungrig. Ich versuchte also, trotz der mangelnden gesetzlichen Vorkehrungen mit dem Mann am anderen Ende der Leitung Kontakt aufzunehmen, indem ich wie wild in Richtung Telefon losbrüllte: »Herr Polizeichef, oder wer immer Sie sind, dieser verblödete Polizist hat mich überhaupt nicht verstanden! Hier gibt es keinen Diebstahl und keinen Einbruch! Es ist nichts weiter passiert, als daß Awri krank ist und der dicke Krämer mich nicht mein Fahrrad holen läßt. H-i-l-f-e!«
Natürlich war dieser Ausbruch sinnlos, denn der Mann hinterm Schreibtisch hatte abrupt die Telefonleitung unterbrochen. Er warf mir einen vernichtenden Blick zu und drohte mir mit Einzelhaft für den Fall, daß ich nicht sofort mein Toben einstellte.
»Wenn Sie imstande waren, eine derart gravierende Anklage zu erheben, Beschwerdeführer, dann werden Sie wohl auch in der Lage sein,

geduldig zu warten, bis die Funkstreife kommt, um einen Lokalaugenschein vorzunehmen.«
Nach einer weiteren Dreiviertelstunde des bangen Wartens teilte ich meinem Folterknecht mit, daß ich mal müsse. Er verwies mich mißmutig an den diesbezüglichen Ort. Ich ging gemäßigten Schrittes bis ans Ende des Ganges, doch noch ehe ich an meinem Ziel angelangt war, machte ich eine resolute Kehrtwendung und schoß auf die Hintertür zu . . .
»Wenn ich alles so sicher gewußt hätte.« Der an der Hintertür aufgetauchte Polizist grinste mich an. »Sie haben nämlich den verstörten Blick eines Sittenstrolches, Beschwerdeführer.«
»Herr Polizeidirektor«, murmelte ich auf dem Rückweg zu meiner Bank, »ich bitte Sie in aller Demut, meine Beschwerde rückgängig machen zu dürfen und den Akt des aufgebrochenen Schuppens zu schließen.«
»Das wäre ja noch schöner! Wie stellen Sie sich das vor, Beschwerdeführer? Erwarten Sie von mir, daß ich ein bereits unterzeichnetes amtliches Protokoll ignoriere?«
»Ich werde unter Eid aussagen, daß ich das Protokoll nur unter psychischem und physischem Druck unterzeichnet habe.«

»Darüber werden die Gerichte befinden, Beschwerdeführer. Von Ihnen wird hieramts erwartet, daß Sie sich gefälligst auf diese Bank setzen und ruhig warten, bis Ihr Fall einer Klärung zugeführt werden kann.«
Ich will auch weiterhin sachlich bleiben. Es dauerte nur noch eine halbe Stunde, während der ich gedankenverloren an der Tube mit dem Gummiklebezeug kaute, bis die Funkstreife mit lautem Karacho eintraf. Mein Bewacher wechselte einige geflüsterte Worte mit dem ranghöchsten Streifenmann, worauf dieser meinen Akt zur Hand nahm, um ihn sorgfältig zu studieren.
»Der Fall liegt klar«, faßte er schließlich zusammen, »wann haben Sie, Herr Beschwerdeführer, festgestellt, daß der Schuppen offen ist?«
»Der Schuppen ist offen, seit es ihn gibt.«
»Und das melden Sie jetzt erst?«
»Was gibt es da zu melden? Ein offener Schuppen ist ein offener Schuppen!«
»Sie sind ein Zyniker«, zischte mir der Streifenführer verachtungsvoll zu. Dann begab er sich mit seinen Kollegen in die andere Ecke, um mit ihnen längere Zeit zu flüstern. Als Ergebnis dieses Konziliums fragte einer der Polizisten den Streifenführer:

»Sollen wir ihm nicht Handschellen anlegen?«
»Natürlich«, antwortete der Vorgesetzte.
Gleich danach klickten die Handschellen zu, und ich wurde in den Streifenwagen gestopft.
»Wohin bringen Sie mich?« wagte ich schüchtern zu fragen.
»Das geht Sie nichts an.«
Nach wenigen Minuten hielt der Streifenwagen vor dem Schuppen. Als erster verließ der Chef den Wagen, ihm folgten zwei Uniformierte mit Sturmgewehren. Dann erschienen meine Handschellen mit mir, eskortiert von zwei weiteren Polizisten, die sich an ihren Schlagstökken festhielten.
Als ob er auf uns gewartet hätte, stand vor dem Schuppen der dicke Krämer und hielt seinen vor Erregung zitternden Zeigefinger unter meine Nase:
»Das ist er! Seine Sittenstrolchvisage ist nicht zu verkennen! Endlich hat man ihn erwischt!«
Durch den Lärm angelockt, strömten aus allen Richtungen wutentbrannte Nachbarn herbei. Vermutlich habe ich es nur dem großen Polizeiaufgebot zu danken, daß ich mit knapper Not der Lynchjustiz entging. Der dicke Krämer wurde aufgefordert, den Hergang der Tat zu schildern.

»Also, das war so: Heute in aller Herrgottsfrüh höre ich ein verdächtiges Rascheln, schau zum Fenster hinaus, und was seh ich?« Er warf mir einen haßerfüllten Blick zu. »Ich sehe diesen Strolch! Ha! – denke ich mir, einer wie der kann nichts Gutes im Schild führen. Schon die Art, wie er seinen verstörten Blick hinter diesen dicken Brillen verbirgt ...«

»Danke, das genügt«, verkündete der Streifenführer und wandte sich an mich: »Ich an Ihrer Stelle würde schleunigst ein umfassendes Geständnis ablegen. Hatten Sie irgendwelche Helfershelfer?«

»Ja«, gestand ich und zeigte auf den dicken Krämer. »Er war es, der mir den vertraulichen Hinweis gab, daß dieser Schuppen offen steht.«

»Aha«, der Leiter des Lokalaugenscheins zeigte sich höchst befriedigt. »Wenn ich alles so sicher gewußt hätte. Der Dicke hat mir von Anfang an nicht gefallen.« Er wandte sich an den neuen Häftling: »Und jetzt heraus mit der Sprache! Machen Sie den Mund auf und beginnen Sie zu singen.«

»Ich denke nicht daran zu singen«, schluchzte der Dicke, »ich will mit meinem Anwalt sprechen.«

Soweit der Sachverhalt. Wir wurden in getrennten Zellen untergebracht, um uns nicht gegenseitig die Schädel einschlagen zu können.
Der Anwalt meint, daß meine Aussichten angesichts der mildernden Umstände zu gewissen Hoffnungen berechtigen. Schließlich hätte ich mich ja selbst der Polizeibehörde gestellt, wohingegen der dicke Krämer als der planende Kopf der Tat erst durch meine Aussage überführt werden mußte. Gegen mich spräche lediglich der mißglückte Fluchtversuch durchs Klo, andernfalls wäre es ihm vielleicht sogar gelungen, mich gegen Kaution freizubekommen.
Ich sagte, daß es darauf auch nicht mehr ankäme, da ich, als Beschwerdeführer, meinen Termin in Jaffa ohnehin versäumt hatte. Aber, fügte ich hinzu, ich hätte nicht die Absicht, mich je wieder zu beschweren.

Die Kunst der Höflichkeit

Motorisierte Touristen haben es bei uns besser als anderswo. Kein Wunder, denn seit der Staatsgründung fordert unsere Regierung uns regelmäßig auf, die Touristen gut zu behandeln. Sie verlangt, daß wir ihr Gepäck tragen, ihnen den Weg zum Museum zeigen und ihre Valuten zum anständigen Schwarzmarktkurs wechseln.

Ich persönlich finde das lächerlich. Erstens *sind* wir von Natur aus äußerst hilfsbereit, und zweitens sind andere Völker auch nicht so schrecklich zuvorkommend. Im Gegenteil, in ihrem tiefsten Inneren sind sie ausgesprochen unhöflich, nur bemerkt man es nicht, weil sie nach außen hin so ausgesprochen höflich sind. Fragen Sie nur einmal in irgendeiner fremden Stadt irgend jemanden nach irgendeiner

Adresse. Der Befragte wird ein gerütteltes Maß an gutem Willen heucheln und affektiert flöten: »Ich bringe Sie gerne hin, wenn es Ihnen recht ist.« Dann wird er sich in Ihr Auto setzen und den ganzen langen Weg die Schönheiten seiner Stadt preisen. Am Ziel angelangt, wird er sich sogar dafür bedanken, daß er Ihnen behilflich sein durfte. Aber kaum ist er ausgestiegen, wird er Sie höchstwahrscheinlich mit Flüchen bedenken, die selbst einen hartgesottenen Matrosen erröten ließen.

Also frage ich, ist dem Minister mit solch einem Getue gedient? Legt er wirklich Wert auf so eine Maskerade? Um wieviel ehrlicher ist doch der kleine Mann auf der Straße des Nahen Ostens. Nach einer Adresse befragt, antwortet er: »Hauen Sie ab!« Das entspricht nämlich in diesem Moment seiner aufrichtigen, persönlichen Überzeugung. Keine Heuchelei, kein Theater, dafür aber Zivilcourage.

Zur Erläuterung ein Beispiel aus dem Alltag.

Einer meiner amerikanischen Vettern zweiten oder dritten Grades besuchte uns. Eines Tages hatte er sich in seinen riesigen Wagen gesetzt, um einen anderen unserer zahlreichen Vettern aufzusuchen, der an der Bamramstraße wohnte. Natürlich verlor er sich schon bald im

RANG.

Tel Aviver Dickicht und fragte einen Passanten nach dem Weg. »Ein Fremder wie Sie, mein Herr«, sagte der einfache Mann von der Straße, der vermutlich einen langen Arbeitstag hinter sich hatte, »ein Fremder wie Sie wird die Bamramstraße niemals finden. Wenn Sie möchten, steige ich ein und zeige Ihnen den Weg.«
Sprach's, stieg in den Wagen meines Vetters und lotste ihn unermüdlich eine halbe Stunde lang rechts und links durch den dichtesten Verkehr, bis sie schließlich in einer bezaubernden, kleinen Gasse landeten. Da stieg der einfache Mann aus und sagte: »Hier wohne ich. Danke schön.«
Mein Vetter fragte:
»Aber wo ist die Bamramstraße?«
Darauf erwiderte der einfache Mann:
»Ich habe keine Ahnung. Am besten, Sie fragen jemanden. Hier ist sie jedenfalls nicht. Auf Wiedersehen. Ich wünsche Ihnen ein angenehmes Wochenende.«
Es war ein Dienstag.
Als mein Vetter zweiten oder dritten Grades mir die Geschichte erzählte, zitterte er immer noch vor Wut. Ich kann es aber nicht leiden, wenn ein dahergelaufener motorisierter Tourist an meinen Landsleuten herumnörgelt.

»Ihr Touristen seid eigenartig«, sagte ich pikiert. »Ihr glaubt, mit euren Taschen voller Devisen könnt ihr euch alles erlauben!«
Außerdem gibt es keine Bamramstraße in Tel Aviv.

Gottes Hand und Josseles Fuß

Gestern bekam ich Nachricht von Jossele. Es war ein Anruf aus dem Krankenhaus: er ließ mich bitten, ihn zu besuchen. Überflüssig zu sagen, daß ich mich sofort auf den Weg machte. Ich fand Jossele im Garten des Spitals, bleich und niedergedrückt in einem Rollstuhl sitzend, ein Bild des Jammers. Und was mich am meisten erschütterte: er hielt ein Gebetbuch in der Hand.

»Jossele!« rief ich beklommen. »Was ist los mit dir? Ein Herzanfall? Oder sonst etwas Lebensgefährliches?«

»Nein, nichts davon.« Er schüttelte müde den Kopf, seine Stimme klang tonlos. »Aber was mir am Montag passiert ist, hat mich davon überzeugt, daß es eine göttliche Gerechtigkeit gibt.«

»Bitte, erklär dich genauer«, sagte ich und setzte mich neben ihn.
Jossele holte tief Atem.
»Mein Wagen war in einer Reparaturwerkstatt, und das Schicksal ereilte mich in einem städtischen Autobus«, begann er. »Linie 33. Montag. Zur Stoßzeit. Und wahrlich, ich habe gestoßen. Mit Händen, Füßen und Ellbogen habe ich mir einen Sitz erkämpft. Und kaum daß ich saß, pflanzte sich irgendein alter Idiot vor mir auf und begann sich völlig ungefragt über meine Person zu äußern. Er äußerte sich abfällig. Es sei ein Skandal und eine Schande, ein junger, gesunder Mensch wie ich bleibt sitzen, und ein alter, kränklicher Mann wie er muß stehen. Ich reagierte nicht. Die Leute sollten mich für einen Neueinwanderer halten, der die Landessprache noch nicht versteht. Der Alte schimpfte weiter, erging sich in immer heftigeren Mißfallenskundgebungen über die heutige Jugend im allgemeinen und mich im besonderen. Ich blieb ungerührt. Es fiel mir gar nicht ein, meinen bequemen Sitz gegen einen Stehplatz im Gedränge einzutauschen. Unterdessen hatten die Hetzreden des Alten den ganzen Bus gegen mich aufgebracht. Plötzlich packte er mich am Kragen, riß mich hoch und setzte sich unter

dem Jubel der Menge auf meinen Platz. Jetzt war der Augenblick gekommen, ihm und seiner verhetzten Gefolgschaft eine Lektion zu erteilen. Ich schwankte, hielt mich nur mühsam aufrecht und bahnte mir stöhnend den Weg zum Ausgang, wobei ich mit schmerzverzerrtem Gesicht das rechte Bein nachschleppte. Über den Bus fiel verlegenes Schweigen, das von beschämtem Geflüster abgelöst wurde. ›Der arme Kerl‹, flüsterte es ringsum. ›Ist gelähmt... hat ein krankes Bein... kann sich kaum bewegen... und dieser alte Trottel verjagt ihn von seinem Sitz. Ein Egoist! Ein Unmensch! Pfui!‹ Es fehlte nicht viel, und sie wären über ihn hergefallen. Einige standen auf, um mir ihren Sitz anzubieten. Ich winkte mit müder Märtyrerstimme ab. Und da ich sowieso am Ziel war, bereitete ich mich unter neuerlichem Stöhnen zum Aussteigen vor.«

»Gut gemacht!« Ich nickte anerkennend. »Und dann?«

»Dann«, sagte Jossele, »bin ich auf dem Trittbrett ausgerutscht und hab mir das Bein gebrochen.«

Damit wandte er sich wieder seinem Gebetbuch zu.

Autofahren ist gesund

Einmal muß es gesagt sein. Nichts in unserem Jahrhundert hat die Sportlichkeit so sehr auf Vordermann gebracht wie der Autoverkehr. Sogar mich.

Eigentlich bin ich von Natur aus kein ausgesprochener Bewegungsfetischist. Es gab einmal eine Zeit, da ging ich überhaupt nicht zu Fuß, sondern nahm den Autobus oder ein Taxi. Hie und da machte ich sogar Autostop. Offen gesagt, war ich damals eher pummelig, und lief Gefahr, das Gehen zu verlernen.

Aber seit ich Besitzer eines eigenen Wagens bin, bewältige ich täglich ungeheure Entfernungen zu Fuß. Meine Beine sind muskulös und stark geworden, und ich habe mich nie besser gefühlt.

Das ist ganz einfach zu erklären: auf unserem

Planeten gibt es keine Parkplätze mehr. Vor allem in Tel Aviv nicht. Hat man zum Beispiel im Stadtzentrum zu tun, muß man irgendwo an der Meeresküste parken. Um zur Hauptstraße zu gelangen, empfiehlt es sich, den Wagen an der Peripherie stehen zu lassen. Wenn ich ein Treffen im Geschäftsviertel von Tel Aviv habe, marschiere ich sechs Kilometer hin und sechs Kilometer wieder zurück.

Macht zwölf.

Wohlgemerkt, ich beschwere mich nicht. Schließlich ist das ein gesundes Training, von Ärzten warm empfohlen. Auch die beste Ehefrau von allen ist dafür. Wenn ich in der Stadt etwas zu erledigen habe, sagt sie oft zu mir:

»Nimm den Wagen. Der kleine Spaziergang wird dir guttun.«

Verschonen Sie mich also mit Fitneß-Training. Wir Autobesitzer haben so etwas nicht nötig. Wir sind längst olympiareif.

Ein Tag ohne Dienstwagen

Die Limousine des Ministers blieb unterwegs plötzlich stehen. Gabi, der Fahrer, stellte den Motor ab und wandte sich um:
»Tut mir leid, Chef – aber Sie haben ja den Rundfunk gehört.«
Das bezog sich auf die Neun-Uhr-Nachrichten, die den Streik der Kraftfahrergewerkschaft angekündigt hatten. Die Kraftfahrergewerkschaft wollte sich mit der Gewerkschaft der Chemie-Ingenieure fusionieren oder wollte die Fusion mit der Transportarbeitergewerkschaft rückgängig machen, oder vielleicht wollte sie etwas anderes. Jedenfalls streikte sie.
Gabi verließ den Wagen und begab sich ins Gewerkschaftshaus, um Instruktionen einzuholen.
Der Minister saß mitten auf der Straße. Er

konnte nicht Auto fahren. Erfindungen, die auf einen Knopfdruck hin laute Geräusche erzeugen, flößten ihm seit jeher Angst ein. Soweit seine Erinnerung zurückreichte, hatte er nur ein einziges Mal ein Auto gesteuert. Das war vor vierzig Jahren, in einem Vergnügungspark, wo der Minister – damals noch jung und ehrgeizig – sich einem Autodrom anvertraut hatte. Später war er dann der führenden Partei beigetreten, hatte Karriere gemacht und jederzeit einen Fahrer zur Verfügung gehabt.

Jetzt werde ich wohl einen Helikopter bestellen müssen, dachte der Minister. Man erwartete ihn zu einer dringlichen Kabinettsitzung. Auf dem Programm stand die Krise der Zementindustrie. Um elf Uhr.

Der Minister begann, die Passanten zu beobachten, die an seinem Wagen vorbeihasteten. Ein merkwürdiges, fast abenteuerliches Gefühl überkam ihn: er war auf der Straße. Mit Verblüffung stellte er fest, wie viele fremde Menschen es im Lande gab. Er kannte nur die immer gleichen Gesichter, die er täglich in seinem Ministerium sah. Fremde bekam er höchstens in anonymen Massen zu Gesicht, am Unabhängigkeitstag oder im Fußballstadion

bei … wie hieß doch das Ding … beim Kupferfinale.
Der Minister stieg aus und ging die Straße entlang. Allmählich wuchs sein Vertrauen in diese Art der Fortbewegung. Er dachte nach, wann er zuletzt etwas dergleichen getan hatte. Richtig: 1951. Damals hatte ein Fernlaster seinen Wagen gerammt, und er war zu Fuß nach Hause gegangen, quer durch die Stadt, zu Fuß.
Die Blicke des Ministers richteten sich abwärts, dorthin, wo unterhalb der Bauchwölbung seine Füße sichtbar wurden, seine eigenen Füße, die sich rhythmisch bewegten, tapp-tapp, tapp-tapp, linker Fuß, rechter Fuß – jawohl, er wußte seine Füße noch zu gebrauchen. Er wußte noch, wie man auf der Straße geht. Ein gutes Gefühl. Nur die Schuhe sahen ein wenig fremdartig aus. Wo kamen sie her? Er hat sich doch noch niemals Schuhe gekauft, oder?
Genaueres Nachdenken ergibt, daß er selbst überhaupt keine Einkäufe tätigt. Was ist's mit diesen Schuhen?
Er bleibt vor dem Schaufenster eines Schuhgeschäfts stehen und starrt hinein. Seltsam. Ein völlig neuartiges Phänomen. Schuhe, viele

Schuhe, Herren-, Damen- und Kinderschuhe, paarweise arrangiert, auf Sockeln, auf langsam rotierenden Drehscheiben, oder nur so.
In plötzlichem Entschluß betritt der Minister den Laden, einen hohen, langgestreckten Raum mit Reihen bequemer Fauteuils und mit Regalen an den Wänden, und in den Regalen Schuhe, nichts als Schuhe.
Der Minister schüttelt die Hand eines ihm entgegenkommenden Mannes:
»Zufrieden mit dem Exportgeschäft?«
»Mich dürfen Sie nicht fragen«, lautet die Antwort. »Ich suche Sämischlederschuhe mit Gummisohlen.«
Der Minister sieht sich um. Wie geht's hier eigentlich zu?
Nehmen die Leute einfach Schuhe an sich oder warten sie, bis der Kellner kommt?
Eine Gestalt in weißem Kittel, vielleicht ein Arzt, tritt an den Minister heran und fragt ihn, was man für ihn tun könne.
»Schicken Sie mir ein paar Muster«, sagte der Minister leutselig und verläßt den Laden.
Draußen auf der Straße fällt ihm ein, daß er sich nicht zu erkennen gegeben hat. Und daß er nicht von selbst erkannt wurde. Ich muß öfter im Fernsehen auftreten, denkt der Minister.

Es wird spät. Vielleicht sollte er in seinem Büro anrufen, damit man ihm ein Transportmittel schickt oder ihn abholt. Anrufen. Aber wie ruft man an? Und wenn ja: wo? Er sieht weit und breit kein Telefon. Und sähe er eines, wüßte er's nicht zu handhaben. Das macht ja immer seine Sekretärin, die gerade heute nach Haifa gefahren ist, in irgendeiner Familienangelegenheit. Außerdem wäre sie ja sonst in seinem Büro und nicht hier, wo es kein Telefon gibt.

Da – ein Glasverschlag – ein schwarzer Kasten darin – kein Zweifel: ein Telefon.
Der Minister öffnet die Zellentür und hebt den Hörer ab: »Eine Leitung, bitte.«
Nichts geschieht. Der Apparat scheint gestört zu sein.
Von draußen macht ihm ein kleiner Junge anschauliche Zeichen, daß man zuerst etwas in den Kasten werfen muß.
Natürlich, jetzt erinnert er sich. Er ist ja Vorsitzender des Parlamentsausschusses für das Münz- und Markenwesen. Er kennt sich aus.
Der Minister betritt den nächsten Laden und bittet um eine Telefonmarke.
»Das hier ist eine Wäscherei«, wird ihm mitgeteilt. »Telefonmarken bekommen Sie auf dem Postamt.«
Eine verwirrende Welt fürwahr. Der Minister hält nach einem Postamt Ausschau und erspäht auf der jenseitigen Straßenseite einen roten Kasten an einer Häusermauer. Er weiß sofort, was das ist. In solche Kästen tun die Menschen Briefe hinein, die sie vorher zu Hause geschrieben haben.
»Entschuldigen Sie«, wendet er sich an eine Dame, die neben ihm an der Straßenkreuzung wartet, »bei welcher Farbe darf man hinüber?«

Er ist ziemlich sicher, daß sein Wagen immer bei grünem Licht losfährt. Aber gilt das auch für Fußgänger?
Der Menschenstrom, der sich jetzt in Bewegung setzt, schwemmt ihn auf die gegenüberliegende Straßenseite mit. Dort, gleich neben dem roten Kasten, entdeckt er ein Postamt, tritt ein, und wendet sich an den nächsten Schalterbeamten:
»Bitte schicken Sie ein Telegramm an mein Ministerium, daß man mich sofort hier abholen soll.«
»Mit einem Flugzeug oder mit einem Unterseeboot?« fragte der Schalterbeamte und läßt zur Sicherheit die Milchglasscheibe herunter.
Der Mann scheint verrückt zu sein, denkt der Minister und geht achselzuckend ab.
Nahe dem Postamt befindet sich ein Zeitungsstand. Wie sich zeigt, hat der Minister große Schwierigkeiten, unmarkierte Zeitungen zu entziffern. In den Zeitungen auf seinem Schreibtisch sind die Artikel, die er lesen soll, immer eingerahmt.
»Ein Glas Orangensaft?« fragte eine Stimme aus dem Erfrischungskiosk, vor dem er stehengeblieben ist.
Der Minister nickt. Er ist durstig geworden und

leert das Glas bis auf den letzten Tropfen. Welch wunderbares Erlebnis: allein auf der Straße ein Glas Orangensaft zu trinken und erfrischt weiterzugehen.
Der Kioskinhaber kommt ihm nachgerannt:
»45 Agurot, wenn ich bitten darf!«
Der Minister starrt ihn an. Es dauert sekundenlang, ehe er begreift, was gemeint ist. Dann greift er in seine Tasche. Sie ist leer. Natürlich. Solche Sachen werden ja immer von seiner Sekretärin erledigt. Warum mußte sie gerade heute nach Haifa fahren?
»Schicken Sie mir die Rechnung, bitte«, sagt er dem gierigen Inkassanten und entflieht.
Als er endlich innehält, steht er vor einem in Bau befindlichen Haus. Die emsigen Menschen, die rundum beschäftigt sind, beeindrukken ihn tief. Nur der Lärm stört ihn ein wenig. Und was ist das für eine graue Masse, die sie dort in dem Bottich zusammenmischen?
»Einen schönen guten Tag wünsche ich!«
Ein alter Mann, wahrscheinlich ein Sammler für irgendwelche neu aufgelegten Anleihen, hält ihm die Hand hin. Auch ihn verweist er an sein Büro.
Immer neue Überraschungen: dort, in einer Reihe von Glaskästen, hängen Bilder halbnack-

ter Mädchen! Der Minister blickt auf – jawohl, er hat's erraten: ein Kino. So sieht das also aus. Er empfindet heftige Lust, hineinzugehen und endlich einmal einen Film zu sehen. Sonst kommt er ja nie dazu.

Der Minister klopft an die versperrte Eisentür. Er muß mehrmals klopfen, ehe eine verhutzelte Frauensperson den Kopf heraussteckt:

»Was los?«

»Ich möchte einen Film sehen.«

»Jetzt? Die erste Vorstellung beginnt um vier Uhr nachmittag.«

»Nachmittag habe ich zu tun.«

»Dann sprechen Sie mit Herrn Weiss.«

Und die Eisentür fällt ins Schloß.

An der nächsten Straßenecke steht ein ungewöhnlich großer, länglicher, blaulackierter Wagen, der eine Menge wartender Leute in sich aufnimmt. Ein Bus! schießt es dem Minister durch den Kopf. Erst vorige Woche haben wir ihnen das Budget erhöht. Um 11,5 Prozent. Da kann ich ja einsteigen.

»Hajarkonstraße«, sagte er dem Fahrer. »Nummer 71.«

»Welcher Stock?«

»Wie bitte?«

»Machen Sie, daß Sie vom Trittbrett herunter-

kommen!« Der Fahrer betätigt die automatische Tür und saust los.
Eine merkwürdige Welt mit merkwürdigen Spielregeln. Der Minister versucht sich zu orientieren, kann jedoch mangels irgendwelcher Wahrzeichen – Hilton-Hotel oder griechisches Restaurant – nicht feststellen, wo er sich befindet.
Menschen fluten an ihm vorbei, als wäre nichts geschehen. Dies also ist die Nation, das Volk, die Masse der Wähler. Den jüngsten Meinungsumfragen zufolge wird im Oktober jeder dritte dieser fremden Menschen für ihn stimmen. Der Minister liebt sie alle. Er ist seit seiner frühesten Jugend ein überzeugter Sozialist.
Endlich, auf vielfach verschlungenen Wegen, hat er zu seiner Limousine zurückgefunden; gerade rechtzeitig, um den Fahrer Gabi herankommen zu sehen.
»Zwei Sonderzahlungen jährlich und erhöhtes Urlaubsgeld«, sagte Gabi.
Der Streik ist beendet. Sie steigen ein. Gabi läßt den Motor anspringen.
Und der Minister kehrt von seinen Abenteuern auf einem fremden Planeten in die Welt seines Alltags zurück.

Ein abstrakter Strafzettel

Als Kind wunderte ich mich immer über die Aufkleber mit der Aufschrift »Presse« an der vorderen und hinteren Scheibe mancher Autos. Denn, obwohl Presse daraufstand, war weit und breit kein Wein zu sehen. Im Laufe der Jahre wurde ich etwas reifer und wunderte mich über ganz andere Dinge. Zum Beispiel darüber, daß die Polizei diese berufsbezeichnenden Schilder nur an Journalisten vergibt und nicht auch an Meteorologen oder Bürstengroßhändler.

Warum diese Diskriminierung?

Mit der Zeit fand ich auch dafür die Erklärung. Denn von dem Tag an, da ich selbst ein polizeiliches Presseschild an meinen Wagen kleben durfte, verpaßte mir dieselbe Polizei dreimal so viele Strafzettel wie in den guten alten, presse-

freien Tagen. Natürlich habe ich ein gewisses Verständnis für die Hüter der Ordnung. Wer kann Journalisten schon ausstehen?
Ein symptomatisches Erlebnis hatte ich neulich. Wie jeder Bürger Tel Avivs weiß, wird die eine Seite der Pipkinstraße seit zwei Jahren immer wieder aufgerissen. Vermutlich, weil man bei der letzten Ausgrabung irgend etwas unter der Asphaltdecke vergessen hat. Daher ist die Straße für den Verkehr gesperrt, was zwei rote Verbotstafeln sowie ein grüner Polizist anzeigen.
Was tut also ein erfahrener Journalist wie ich, wenn er etwas Wichtiges in der gesperrten Straßenhälfte zu tun hat? Er fährt trotzdem hinein. Die beiden Verbotstafeln zucken teilnahmslos die Achseln, nicht jedoch der Polizist.
»He, Sie da«, sagte er. »Sehen Sie nicht, daß diese Straße für alle Fahrzeuge gesperrt ist?«
»O ja«, sagte ich, »aber ich bin von der Presse. Also tun Sie mir den Gefallen, und lassen Sie mich hinein.«
»Sie sind also von der Presse«, meinte der Polizist, »ich erschauere vor Ehrfurcht, aber Sie können hier trotzdem nicht hinein.«
»Nun gut«, sagte ich, »und was ist, wenn ich doch fahre?«

»Dann kriegen Sie einen Strafzettel.«
»Okay, ich warte.«
»Auf was?«
»Auf den Strafzettel.«
»Warum?«
»Damit ich endlich fahren kann.«
»Das würde Ihnen so passen«, sagte der Polizist pikiert. »Nein, zuerst wird gefahren, dann erst bekommen Sie den Strafzettel.«
»Lassen wir die Formalitäten«, ich versuchte eine gütliche Regelung. »Was haben Sie davon, wenn ich losfahre und Sie mir durch diese Kraterlandschaft nachlaufen müssen. Schreiben Sie das Strafmandat aus, und wir vergessen den Fall.«
»Nun gut«, stimmte das Auge des Gesetzes zu, holte seinen Block hervor und schrieb: »Nichtbeachtung eines Verkehrszeichens.« Dann hielt er plötzlich inne und fragte: »Was haben Sie gesagt? Ich soll Ihnen nachlaufen?«
»Ja, durch diese Kraterlandschaft.«
»Sie würden also nicht anhalten?«
»Ich fürchte nein.«
»Das gibt eine Strafverschärfung.« Das Gesicht des Polizisten verfinsterte sich. Er schrieb: »Nichtbefolgung einer polizeilichen Anordnung.«

Dann fragte er weiter: »Sie hätten mich sicherlich auch beschimpft, nicht wahr?«

»Vermutlich«, gab ich zu.

»Sie hätten mich ›Blöder Plattfuß‹ genannt, oder?«

Dein Freund und Helfer fixierte mich mit zornigem Blick und schrieb: »Beleidigung eines Polizeiorgans im Dienst.«

»Das wird Sie aber teuer zu stehen kommen, mein Herr«, warnte er mich. »Unterschreiben Sie bitte hier.«

Ich unterschrieb, wir schüttelten uns die Hände, und ich wendete, um nach Hause zu fahren.

»He«, schrie der Polizist, »wohin fahren Sie? Was ist mit der Verkehrsübertretung?«

»Morgen!« schrie ich zurück. »Morgen früh!«

Morgen werde ich mich bei der Verkehrspolizei nach dem seit langem fälligen Strafmandatsabonnement erkundigen.

Im Westen nichts Neues

Die Franzosen sind seltsame Leute. Man kann sie bewundern, weil sie so geistreich sind und ihre wunderschöne Sprache so perfekt beherrschen, man kann sie verachten, weil sie eingebildete Schurken sind, doch es gibt etwas, das man keinesfalls kann: nämlich einen Franzosen dazu bringen, daß er *dich* mag. Egal wer du bist, Franzosen verachten dich mit einer Intensität, die ihresgleichen sucht, und zwar aus dem einfachen Grund, weil du ein schäbiger Ausländer bist, der sich womöglich auch noch einbildet, französisch zu können.

Den ersten Geschmack dieses Abscheus bekommt man schon am Flughafen zu kosten. Die riesige Eingangshalle, die vermutlich wegen ihrer Länge nach De Gaulle benannt wurde, erstreckt sich über etliche Kilometer

und beinhaltet nur einen einzigen Gepäckwagen namens Suzanne. Wenn man sich vor Augen hält, daß einige Millionen Touristen jedes Jahr nach Paris pilgern, kann man sich die Feindseligkeiten vorstellen, die Tag für Tag um besagte Suzi ausgefochten werden. Und zu allem Überfluß quietscht sie auch noch.
Doch eines muß man ihr lassen, diese Suzi bereitet auf all das vor, was man später mit den Pariser Taxifahrern zu erleben hat. Wenn der Leser jemals in Paris gewesen ist, kann ich mir weitere Erklärungen sparen. Wenn nicht, helfen auch Erklärungen nichts.
Denn das Pariser Straßenbild ist förmlich gespickt mit Taxis. Hier finden wir das genaue Gegenteil der Story von der einsamen Suzi. Es gibt in Paris Taxis wie Flöhe auf einem französischen Pudel. Aber man kann die Taxis nicht erwischen, weil sie alle besetzt sind. Und sollten sie es wider Erwarten nicht sein, nehmen sie dich nicht mit, weil ihnen dein Gesicht nicht gefällt. Paris dürfte die einzige Stadt der Welt sein, in der die Taxifahrer eine traditionelle Art von Gesichtsforschung betreiben.
Zwar sind auch in der übrigen Freien Welt die Taxichauffeure wählerisch und anspruchsvoll. In New York zum Beispiel mußte eine eigene

Gesetzesnovelle verfaßt werden, welche die Taxichauffeure dazu anhält, *jeden* Fahrgast mitzunehmen, und zwar ohne Rücksicht auf Hautfarbe, Rasse oder Geberlaune. Vorausgesetzt, daß der Fahrer nicht gerade zum Essen fährt. Deshalb führen die New Yorker Taxifahrer auch ein besonderes Hunger-Licht auf ihren Dächern mit. Es ist eine Lampe, die automatisch angeht, wann immer ein hungriger Fahrer nach einer größeren finanziellen Beute ausschaut, als du ihm bieten kannst.
In Frankreich braucht man kein Licht auf dem Dach. Man erkennt dich auch so. Der herkömmliche Pariser Taxler sieht auf den ersten Blick, ob du ein lausiger Tourist bist oder nicht, ob du mit ihm – Gott steh dir bei – über Land fahren willst, ob dein Hotel in einer belebten Straße liegt, vor allem aber, ob du großzügig bist oder ein Amerikaner. Also stehst du am Gehsteig in Paris und turnst herum wie eine einarmige Windmühle. Die ersten fünf Taxis rauschen zunächst garantiert vorbei, ohne auch nur mit dem Winker zu zucken. Das sechste bleibt in der Regel stehen, aber der Fahrer hält die Türklinke von innen fest: »Wohin?« fragt er aus einem Mundwinkel. Natürlich ist es jener Mundwinkel, in dem seine Zigarette steckt.

Was immer du ihm jetzt sagst, er antwortet »*Merde*« und fährt weiter, weil er in der entgegengesetzten Richtung zu tun hat. Aus Prinzip. In Wahrheit kann er dich nicht ausstehen. Er ist nämlich Taxifahrer und du, für gewöhnlich, nicht. Du bist ein verdammter Tourist. Zuerst dachte ich, daß es da einen geheimnisvollen Code geben könnte, der besagt, daß sie keine Männer ohne Westen oder keine Brillenträger transportieren dürfen. Nach einer Woche in Paris habe ich erfaßt, daß es nur ein einziges Gesetz für sie gibt: sie fahren *dich* nicht. Punktum.

Eines Tages, nachdem ich schon eine halbe Stunde lang auf den regenfeuchten Champs-Elysées vergebens geturnt hatte, kam endlich Nummer Sechs des Weges und fragte: »Wohin?«

Durchnäßt bis auf die Haut stammelte ich: »Egal, fahren Sie mich, wohin Sie wollen.«

»Liegt nicht auf meinem Weg.«

Und weg war er. Sie durchschauen dich sofort, diese Pariser Taxler. Natürlich wußte der Mann, daß ich, wenn ich einmal in seinem Wagen säße, Wünsche äußern und Ansprüche stellen würde, irgendwohin mit seinem Taxi zu fahren.

Also änderte ich meine Taktik. Ich versuchte intuitiv zu erraten, welchen Weg der Chauffeur fahren könnte. Nichts lag mir nämlich ferner, als ihm zur Last zu fallen. Einmal ist es mir sogar beinahe gelungen, meinen Plan zu verwirklichen.

Das kam so: Ich wollte zur Oper und hatte wieder einmal gute zwanzig Minuten gewunken und geturnt. Da plötzlich blieb ein echter Pariser Taxifahrer neben mir stehen. Jean-Pierre, mit Zigarette im Mundwinkel, steckte den Kopf durchs Fenster und fragte:

»Wohin?«

Und da geschah es: PSI stand mir bei. Er fährt in die entgegengesetzte Richtung von der Oper, sagte der kleine Uri Geller in mir. Meine Handlungsweise war demnach vorgezeichnet. Ich spürte sie in allen Knochen.

»Montmartre«, bestimmte ich mit Brustton.

Jean-Pierre lüftete eine Augenbraue – natürlich wußte er genau, daß ich zur Oper wollte – und sagte:

»Herein mit Ihnen!«

An diesem Tage fuhr ich leibhaftig in einem echter Pariser Taxi. Egal wohin, egal wozu, ich fuhr. Ich war höchst zufrieden mit mir und genoß mein stilles Taxiglück. Tagelang, auch

heute, durchströmt mich noch diese enorme Befriedigungswelle. Vergessen ist der stundenlange Fußmarsch durch die Pariser Nacht, nachdem ich in einem obskuren kleinen Theater ein unverständliches Stück ansehen mußte, statt in der Oper gewesen zu sein . . .
Egal, ich fuhr. Opern gibt es viele.
Nun aber stand ich wieder in dieser Vollmondnacht am Rande von Montmartre und turnte wie üblich, rief und jammerte, ich habe sogar hebräisch gebetet und ungarisch geflucht, aber Taxis kamen und gingen. Auch nach einer Stunde intensiver Gymnastik war ich noch immer zu Fuß unterwegs . . .
Um drei Uhr nachts sank ich endlich mitten auf der Fahrbahn in die Knie und begann zu weinen. Keiner blieb stehen. Sie sind nicht von gestern, diese Pariser Taxifahrer, natürlich kennen sie den billigen Trick mit Knien und Tränen. Im Morgengrauen erreichte ich endlich mein Hotel.
»Das nächste Mal, Monsieur«, sagte mir der Nachtportier, »suchen Sie sich ein Zimmer in der Nähe des Theaters.« Und dann passierte es eines denkwürdigen Tages, daß das allererste von mir angerufene Taxi tatsächlich stehen blieb. Der Kerl dürfte besoffen gewesen sein

oder sonst was. Ich hechtete hinein und sagte ihm den Namen des Kinos, das ich besuchen wollte.

»Tsss«, erklärte Marcel, »liegt nicht auf meinem Weg.«

»Da kann ich Ihnen leider nicht helfen.«

Marcel stieg aus, steckte seinen Kopf durch das Fenster und blies mir ein Wolke von Zigarettenrauch ins Gesicht. »Mein Motor ist abgesoffen«, zischte er. »Raus, *cochon.*« Ich weiß nicht, was in mich fuhr, doch ich blieb, wo ich war. Bleich, aber gefaßt.

»Dann reparieren Sie eben Ihren Motor«, zischte ich zurück, »ich warte.«

Marcel, sichtlich beeindruckt, änderte daraufhin seine Taktik.

»Schaun Sie, Monsieur«, appellierte er an das Gute in mir, »von diesem Taxi muß ich leben. Ich habe eine Familie, etliche Kinder und eine alte Konkubine zu ernähren. Wenn ich Sie zu Ihrem dreckigen Kino fahre, verliere ich bares Geld, weil ich auf dem Rückweg keinen Fahrgast finde und leere Kilometer fahren muß. Also seien Sie ein Mensch und steigen Sie aus.«

Ich blieb hart. Er war um einen Kopf kleiner als ich.

Marcel zuckte mit der Schulter und verschwand in einem Bistro auf der anderen Straßenseite, um sich an einigen Pernods zu laben. Ich aber wich nicht von der Stelle. Ich war bereit zu ertragen, was auch kommen möge. Aber kapitulieren? Nie.

Über eine Stunde saß ich da. Schließlich kam Marcel zurück, setzte sich wortlos hinter das Steuerrad, startete den abgesoffenen Motor und fuhr mich schnurstracks zu meinem Kino. Er hatte mich als würdigen Gegner anerkannt. Ich gab ihm ein beachtliches Trinkgeld. Überflüssig zu sagen, daß ich den Film versäumte und wieder zu Fuß in mein Hotel zurück mußte. Aber das Gefühl des Triumphs, das mich in dieser Nacht befiel, das lasse ich mir von keinem Menschen mehr rauben.

Mein letzter Tag in Paris brachte auch meine letzte Erfahrung mit Pariser Taxifahrern.

Der Chauffeur, der kurz nach Mitternacht am Montparnasse neben mir stehen blieb, dachte gar nicht daran, irgendwelche Instruktionen von mir abzuwarten.

»Nach Norden fahre ich nicht«, informierte er mich durch seine Zigarette. »Aber auch nicht nach Süden. Der Etoile kommt nicht in Frage, und was das Trinkgeld betrifft, so ist es schließlich mitten in der Nacht . . .«

»Bemühen Sie sich nicht«, unterbrach ich ihn. »Da haben Sie zehn Francs Trinkgeld. Ich gehe zu Fuß.«

Mißmutig nahm der Taxifahrer mein Geld.

»Das soll ein Trinkgeld sein!« fragte er. »*Merde*.«

Damit steckte er meine *merde* in die Tasche und fuhr davon.

Ich kann mir nicht helfen, ich bewundere die Pariser Taxifahrer.

Tour d' Obélisque

Hier muß aber der Gerechtigkeit Genüge getan werden.
Einmal, ein einziges Mal sind wir einem bescheidenen, anständigen Pariser Taxifahrer begegnet, der uns ohne Widerspruch und Zögern in sein kostbares Gefährt einsteigen ließ.
Und das kam so:
Wir waren am späten Morgen in Paris angekommen. Alles ging planmäßig vonstatten, es herrschte freundliches Wetter, die Reise war angenehm, und im Hôtel St. Paul, 15 rue St. Honoré, war für uns ein Zimmer reserviert. Obendrein hatten wir im Zug einen alten Freund getroffen, der zeitweilig in Paris lebte und uns mit ein paar guten Ratschlägen eines Eingeweihten versah:

»Ihr müßt unbedingt darauf achten, ein kleines Taxi zu nehmen«, riet er uns. »Beim Einsteigen nennt ihr Namen und Adresse eures Hotels, und bis zum Aussteigen sprecht ihr kein weiteres Wort.«

»Wir wissen Bescheid«, bestätigten wir und machten sofort ein paar kurze Sprechproben. Da die beste Ehefrau von allen als echtbürtige Sabre das gutturale R perfekt beherrscht, wurde sie mit der Nennung der Adresse betraut und übte fleißig den entscheidenden Satz:

»Quinze rue St. Honoré, Hôtel St. Paul... quinze rue St. Honoré...«

Ferner riet uns unser Freund, bei der Adressenangabe und anderen wichtigen Verhandlungen eine Zigarette lässig im Mundwinkel baumeln zu lassen, was nicht nur typisch französisch aussähe, sondern auch gewisse Unebenheiten unserer Aussprache camouflieren würde. Und während der Zug schon in die Halle rollte, schloß er ab:

»Euer Hotel liegt in der Nähe der Place de la Concorde, wenige Minuten vom Bahnhof. Die Fahrt sollte euch nicht mehr als sechs neue Francs kosten.«

Alsbald hatten wir wunderbarerweise ein kleines Taxi gefunden. Während wir unser Gepäck unter den wachsamen Blicken des Chauffeurs in den Kofferraum zwängten, veranstaltete unser Freund eine französische Schnellfeuer-Konversation, die wir nur gelegentlich durch einen kleinen Bestandteil unsres reichen Vokabelschatzes unterbrachen, etwa durch ein »Oui«, ein »Non« oder ein stummes Achselzucken.

Dann war es so weit. Nachdem wir unsrem Freund noch einmal zugewinkt hatten, steckte meine Frau eine Zigarette in ihren Mundwinkel, schaltete ihr bestes eingeborenes Guttural-R ein und sagte:

»Quinze rue St. Honoré, Hôtel St. Paul.«

Es läßt sich nicht leugnen, daß wir maßlos aufgeregt waren. Aber der Fahrer merkte nichts. Mit geschäftsmäßiger Gleichmütigkeit startete er und fuhr los. Alles war in bester Ordnung. Wir ließen uns in den Sitz zurücksinken, eng aneinandergeschmiegt wie ein Liebespaar, so daß unser Schweigen dem Fahrer nicht weiter auffiel. Nach wenigen Minuten passierten wir den Obelisk auf der Place de la Concorde. Meine Frau griff nach der französischen Zeitung, die ich demonstrativ in der Hand hielt, und kritzelte mit ihrem Augenbrauenstift an den Rand:

»Wir werden gleich im Hotel sein. Der Idiot von einem Fahrer hält uns für Franzosen.«

Unerforschlich jedoch ist Gottes Ratschluß, wahrhaft unerforschlich. – Ein paar Sekunden später öffnete meine Frau ihre Handtasche, warf einen angstvoll suchenden Blick hinein und erbleichte:

»Oj!« rief sie in lautem, unverfälschtem Hebräisch. »Wo, um Gottes willen, sind unsere Pässe?«

Ich hielt ihr rasch den Mund zu (die Pässe befanden sich, wie immer, in meiner rechten Brusttasche) und versuchte im Rückspiegel das Gesicht des Fahrers zu erspähen. Umsonst. Nun, wenigstens hatte er sich nicht nach uns umgewandt. Es schien mir nur, als ob er ein paarmal mit den Ohren gezuckt hätte. Sonst geschah nichts. Außer, daß er plötzlich das Lenkrad scharf nach links drehte und Gas gab. Unruhe erfaßte uns. Es war keine Frage mehr: der Schreckensruf meiner Gattin hatte uns als Ausländer entlarvt. Jetzt hieß es handeln, sonst waren wir verloren. In die angespannte Stille – und so, daß der Fahrer es hören konnte – ließ ich mein bestes Französisch los:

»Comment allez vous? La plume de ma tante est plus belle que le jardin de mon oncle. Gar-

çon, je voudrais manger. L'addition, s'il vous plaît.«
Noch während die Durchsage lief, sah ich im Rückspiegel das eine Auge des Fahrers auf mich gerichtet, direkt auf mich, ein großes, graues, stählernes, unbarmherziges Auge. Ich begann zu zittern und fühlte, wie mir der Schweiß ausbrach. In diesem Augenblick fiel die beste Ehefrau von allen aus einer instinktiven Eingebung über mich her und begann mich zu küssen, à la Parisienne, wie eben nur Französinnen in der Öffentlichkeit zu küssen verstehen...
Als der Kuß zu Ende war, zeigte das Taxameter 9,60 Francs. Der Fahrer hatte uns durchschaut. Er wußte, daß wir keine Franzosen waren. Er, Jean-Pierre, wußte es. Auch die Art, wie er jetzt fuhr, war ein Beweis dafür. Immer neue Linkskurven warfen uns immer wieder in die rechte Ecke des Fonds. Kaum hatten wir die Seine überquert, kam wieder eine scharfe Wendung nach links und dann wieder die Seine. Wir überquerten sie mehrere Male. Dann passierten wir einen langen Tunnel und dann einen neuen Obelisk. Ich konnte mich einer tadelnden Bemerkung nicht enthalten:

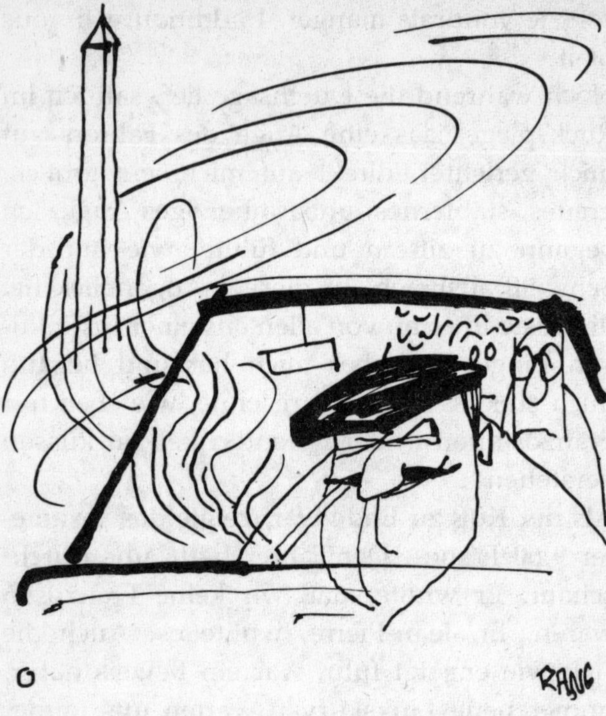

»Diese Franzosen mit ihren ewigen Säulen«, flüsterte ich meiner Gattin zu.
»Es ist der Obelisk von vorhin«, entgegnete sie tonlos.
Das Taxameter stand auf 18 Francs. Das war genau das Dreifache der von unserem Freund veranschlagten Summe.
Vielleicht interessiert es den geneigten Leser,

warum wir nichts unternahmen, um den Wagen, der wie ein scheugewordener Satellit im Weltraum umhersauste, zu stoppen? Dafür gibt es verschiedene Erklärungen. Erstens sind wir beide von Natur aus eher schüchtern. Zweitens sprechen wir beide – der geneigte Leser erinnert sich vielleicht – sehr schlecht Französisch. Und drittens: was sollten wir tun? Ein andres Taxi nehmen? Schließlich hatte uns Jean-Pierre jetzt schon durch einen ansehnlichen Teil Frankreichs geführt, wir kannten seine Fahrweise, seine Eigenheiten und Schwächen – warum sollten wir uns auf Experimente mit einem neuen Chauffeur einlassen? Trotzdem gaben wir noch nicht völlig auf. Meine Frau versuchte es abermals mit einer Aktion à la Parisienne, aber ich war außerstande, ihr den richtigen Partner abzugeben. Wir mußten unsere Kräfte sparen, mußten unsere Verluste möglichst niedrig halten und weiterkämpfen. Jean-Pierre, daran bestand kein Zweifel, fuhr mit uns im Kreise. In regelmäßigen Intervallen von sechs Minuten kamen wir an dem Obelisk vorbei, also genau zehnmal in der Stunde. Selbst wenn wir für die Verkehrsstauungen während der Stoßzeit eine geringere Quote einsetzten, ergaben sich noch immer rund 240

Obelisk-Umkreisungen pro Tag, und das bedeutete pro Woche . . .
Als das Taxameter auf 27 Francs sprang, öffnete der Fahrer das Handschuhfach und entnahm ihm eine erste Mahlzeit, bestehend aus belegten Broten, kleinen Essiggurken und Obst. In einer hebräisch geführten Lagebesprechung stellten wir fest, daß unsere eigenen Vorräte sich auf zwei Äpfel, eine Orange, eine vertrocknete Semmel und etwas Kaugummi beschränkten. Wenn wir sehr sparsam damit umgingen, könnten wir vielleicht bis morgen abend durchhalten. Länger nicht. Plötzlich zuckte ein Aufleuchten über das verhärmte Antlitz meiner Frau:
»Benzin!« brach es jauchzend aus ihr hervor. »Der Kerl wird ja Benzin brauchen! Irgendwann muß er tanken – und wir sind gerettet!«
Ich beugte mich vor, um einen Blick auf den Kontrollanzeiger zu werfen. Der Tank war noch nicht einmal zur Hälfte geleert. Und das Taxameter stand auf 35,50.
Wir beschlossen vorsorglich, mit Einbruch der Dunkelheit immer abwechselnd eine Stunde zu schlafen, sonst würde Jean-Pierre vielleicht heimlich tanken und weiterfahren.
Fünf- oder sechsmal versuchten wir sein Wohl-

wollen zu erregen, indem wir beim Anblick des Obelisk ein bewunderndes »Oh!« ausstießen. Jean-Pierre reagierte nicht. Sein breiter, mächtiger Rücken blieb reglos, auch bei der schärfsten Linkskurve.

Das Taxameter zeigte 45 Francs. Ich nahm meine Nagelfeile und ritzte in den Plastikbelag der Querleiste folgende Inschrift:

»In diesem Taxi verhungerten am 23. August Ephraim Kishon und seine Frau.«

Und dann, gerade als wir alle Hoffnungen aufgeben wollten, hielt der Wagen an, ich weiß nicht wieso und warum. Vielleicht war Jean-Pierre von Müdigkeit überkommen worden, vielleicht von irgendwelchen menschlichen Regungen, von Gedanken an Weib und Kind – jedenfalls drehte er nach dem Obelisk auf der Place de la Concorde plötzlich nicht mehr links ab, sondern fuhr noch etwa hundert Meter geradeaus und hielt vor dem Hôtel St. Paul.

»Cinquantecinq«, sagte er.

Er meinte Francs, 55 Francs. Mit Trinkgeld 56. Schließlich war dies der erste Taxichauffeur, der uns nicht als lausige Touristen behandelt hatte.

Ein vierbeiniger Autofan

Bei einem unserer Englandaufenthalte waren wir dem Würgegriff der Hoteliers entgangen und hatten uns in einer Privatwohnung eingemietet. Ihre Inhaberin hieß Mrs. Mrozinsky und war, wie schon aus ihrem Namen hervorging, die einzige Witwe des verewigten Mr. Mrozinsky, eines typisch englischen Gentlemans von polnischem Geblüt. Er hatte ihr ein kleines Häuschen hinterlassen, dessen entbehrliche Zimmer an farbige Touristen zu vermieten waren (und da wir aus Israel kamen, wurden wir vom Zimmervermittlungsdienst in diese Kategorie eingestuft). Der Rest der Verlassenschaft bestand in einem hellhaarigen Hund namens Oswald, einer undefinierbaren Promenadenmischung, die aber von Mrs. Mrozinsky kaltblütig als hochgezüchteter Spaniel vorgestellt wurde. Sei dem wie immer – Mrs. Mrozinsky, die seit dem Beginn des Zweiten Weltkriegs in England lebte, hatte sich dort schon so vollkommen akklimatisiert, daß sie auch die traditionelle Zuneigung des Engländers zu seinen vierbeinigen Freunden teilte. Sie sprach von Oswald viel öfter und liebevoller als von ihrem dahingeschiedenen Gatten, und sie hätte das geliebte Tier nicht eine Minute lang allein lassen mögen.

Einmal aber geschah es doch.

An jenem schicksalsschweren Nachmittag klopfte Mrs. Mrozinsky an unsre Zimmertüre und teilte uns mit, daß ihre Schwester plötzlich erkrankt sei, in Nottingham im Spital läge und dringend ihren Besuch erwarte, heute noch, sofort. – Uns schwante Böses.

»Sollten Sie nicht besser erst morgen fahren, Mrs. Mrozinsky?« fragte ich besorgt. »Nächtliche Reisen sind unbequem.«

»Ich dachte, daß Sie mir den kleinen Gefallen tun...«

»Man wird Sie bei Nacht gar nicht in das Spital hineinlassen...«

»... und auf Oswald achtgeben könnten...«

»... weil der Patient schlafen muß...«

»... nur bis morgen mittag...«

»Warum telefonieren Sie nicht nach Nottingham?«
»Ich danke.« Und ohne den einigermaßen wirren Dialog fortzusetzen, brachte sie uns den fröhlich wedelnden Oswald ins Zimmer.
»Sie brauchen ihn nicht öfter als einmal am Tag auf die Gasse zu führen«, rief sie uns im Abgehen zu. »Lassen Sie ihn ruhig an der Tür kratzen.«
»In England darf man Hunde in den Zug mitnehmen«, rief ich ihr nach. Aber die Wände blieben stumm.
Das alles wäre nie geschehen, wenn unsere Beziehungen zu Mrs. Mrozinsky nicht gar so freundlich gewesen wären. Die alte Dame hatte sich eng an uns angeschlossen, hatte uns von den Schrecken des Blitzkrieges und des Bombardements erzählt, von den ständig wachsenden Lebenskosten in England und von vielen anderen persönlichen Problemen. Jetzt rächte sich unsre Geduld. Nicht als ob wir etwas gegen Hunde gehabt hätten. Wir lieben Hunde. Besonders meine Frau liebt sie sehr. Aber nicht unbedingt auf Reisen. Und folglich war das Gespräch, das nach Mrs. Mrozinskys Abgang zwischen uns stattfand, nicht besonders liebevoll.

»Warum, um Himmels willen, hast du dich breitschlagen lassen?« fragte meine Frau.

»Na wenn schon«, antwortete ich. »Dann werden wir den Hund eben ins Theater mitnehmen.«

Das war alles.

Mit der größten Selbstverständlichkeit hüpfte Oswald in unsern gemieteten Mini-Minor, als wir am Abend ins Ambassador-Theater aufbrachen, wo die »Mausefalle« immer noch ausverkaufte Häuser machte. Oswald nahm den Rücksitz und heulte. Er hörte nicht auf zu heulen. Er heulte wie ein kleines Kind. Ich habe noch nie einen erwachsenen Hund getroffen, dessen Heulen dem eines kleinen Kindes so ähnlich war. Und so ausdauernd.

Schön und gut, sein Frauchen war zu ihrer Schwester nach Nottingham gefahren. Aber schließlich hatte sie ihn nicht ausgesetzt, wie? Er saß ja in einem weichen Rücksitz eines beinahe neuen, gutgepolsterten, englischen Wagens, nicht wahr? Was gab es da zu heulen?

»Das ist kein Hund«, stellte die beste Ehefrau von allen sachlich fest. »Das ist ein getarnter Schakal. Gott steh uns bei!«

Ich parkte den Wagen in einer nahen Seitengasse (mit Mietwagen hat man keine solche

Angst vor Strafzetteln). Das Rückzugsgefecht gegen den stürmisch nachdrängenden Oswald war kurz und heftig. Es endete mit seiner Niederlage. Lange sah er uns nach, die Schnauze ans Fenster gepreßt, die Augen voller Tränen. Und er hörte nicht auf zu heulen . . .

Der Mörder bewegte sich noch vollkommen frei auf der Bühne, als unser schlechtes Gewissen uns aus dem Theater trieb, zurück zu dem Hund, den wir lebendig begraben hatten. Wir fanden Oswald in schlechter Verfassung. In den zwei Stunden pausenlosen Heulens und Bellens war er heiser geworden und konnte nur noch jaulen. Dafür sprang er, wie wir schon von weitem sahen, unermüdlich im Innern des Wagens hin und her, von einem Fenster zum andern, und zwischendurch aufs Lenkrad, wo er die elektrische Hupe betätigte.

Eine Menge Fußgänger stand um den Wagen herum. Eine feindselige Masse. Ihr Urteil war einmütig, und es war ein Urteil der Verdammnis.

»Wenn ich den Kerl erwische . . .«, äußerte ein athletisch gebauter junger Mann, unter dessen Ruderleibchen die Muskeln schwollen. »Wenn ich den Kerl, der das arme Tier eingesperrt hat, zwischen die Fäuste bekomme . . .«

»Die haben nicht einmal daran gedacht, das Fenster einen Spalt breit offenzulassen«, murrte ein andrer. »Das arme Tier wird ersticken.«
»Solche Leute müßte man einsperren...«
»Dann würden sie wenigstens wissen, wie das tut...«
Den letzten Worten folgte allgemeine Zustimmung, der auch ich mich anschloß. Der Mann im Ruderleibchen hatte mir nämlich gleich bei meinem Auftauchen einen bösen Blick zugeworfen.
»Diesen Barbaren gebührt nichts Besseres«, sagte ich eilig. »Mit einem hilflosen Tier so umzugehen...«
Es war höchste Zeit für eine Klarstellung meiner Person, denn Oswald hatte uns entdeckt und bellte hinter dem Fenster direkt auf uns los.
»Es kann nicht mehr lange dauern, Schnauzi«, tröstete ihn ein gebrechlicher alter Herr. »Die Mistkreaturen, die dich hier allein gelassen haben, müssen ja irgendwann zurückkommen.«
»Wenn ich den Kerl erwische!« wiederholte der Ruderleibchenathlet. »Der wird nichts zu lachen haben!«

Es machte keinen guten Eindruck auf mich, daß dem Athleten einige obere Zähne fehlten. Ich hielt es für angebracht, seinen Tatendurst abzulenken.
»Lassen Sie auch noch etwas für mich übrig!« rief ich mit geballten Fäusten. »Ich breche ihm jeden Knochen im Leib.«
»Recht so!« Und das war meine Frau. »Jeden einzelnen Knochen!«
Was zum Teufel fiel ihr da ein? Wollte sie den Mob gegen mich aufhetzen? Oder Ruderleibchens althletische Fähigkeiten auf die Probe stellen?
Die Atmosphäre roch deutlich nach Lynchjustiz. Wenn diese Fanatiker jetzt noch draufkämen, daß es ein verdammter Ausländer war, der einen britischen Vierbeiner mißhandelt hatte . . .
Oswald merkte natürlich, in welch peinlicher Lage wir uns befanden, und verstärkte die Peinlichkeit durch unablässiges Hupen. Er besaß offenbar kein Organ dafür, daß seine Stiefeltern ohnehin ihr möglichstes taten. Jetzt hatte ich mit blutrünstig verzerrtem Gesicht nochmals ausgerufen: »Na? Wo steckt der Lump?«
Eine verwitterte, längst ausgediente Repräsentantin des Londoner Nachtlebens verlor die Geduld:

»Steht nicht bloß so herum, ihr Männer!« rief sie mit schriller Stimme. »Tut doch endlich was!«
Aller Augen wandten sich mir zu. Meine kompromißlose Angriffsbereitschaft hatte mich unversehens in die Führerrolle gedrängt, trotz meines ausländischen Akzents. Ich ergriff das Steuer:
»Die Dame hat vollkommen recht«, sagte ich entschlossen und deutete mit Feldherrngeste auf das Ruderleibchen: »Sie dort! Holen Sie sofort einen Polizisten!«
Meine Hoffnung, den Gewalttäter auf diese Weise loszuwerden, blieb leider unerfüllt. Er schüttelte den Kopf. »Mit der Polizei verkehre ich nicht«, grinste er.
»Ich würde schon einen holen«, nuschelte der gebrechliche alte Herr. »Aber ich habe das Zipperlein in den Knien.«
»Es gibt in dieser Gegend keine Polizisten«, ließ ein Ortskundiger sich vernehmen. »Der nächste steht auf der Monmouth Street.«
Es war offenkundig, daß die Leute sich vor der Erfüllung ihrer Bügerpflicht drücken wollten.
»Schön.« Mein Blick streifte verächtlich über die untätige Schar. »Dann nehme ich den Wagen und hole die Polizei. Ihr wartet hier.«

Damit hatte ich den Schlag geöffnet, hatte meine verblüffte Gattin mit raschen Schwung in den Wagen gestoßen und gab Vollgas. Die Größe des Augenblicks machte sogar Oswald verstummen. Auch die disziplinierte britische Menge blieb auftragsgemäß stehen. Erst als wir schon gut zwanzig Meter zwischen sie und uns gelegt hatten, kam Leben in die Bande. Wir hörten noch ein paar wilde Flüche, sahen noch einige drohende Gestalten zur Verfolgung ansetzen – dann waren wir um die Ecke und gerettet. Oswald leckte mir überglücklich Hände und Gesicht. Er war wirklich ein herziges, braves Tierchen, unser Oswald. Er liebte das Autofahren wie alle Hunde.

Wir gehen in den Untergrund

Wir fanden also das Autofahren in England auf die Dauer etwas beschwerlich. An das Linksfahren hätte ich mich zwar gewöhnt, nicht aber an die weltberühmte Londoner »rush-hour«.
Daher war es kein Wunder, daß auch wir endlich beschlossen, die Bequemlichkeiten der Londoner Metro in Anspruch zu nehmen. Was dabei geschah, war allerdings unvergeßlich.
In London leben ungefähr acht Millionen Menschen. Siebeneinhalb Millionen davon benützen zwischen vier und sechs die Metro, um nach Hause zu fahren. Das hatten wir nicht gewußt. Vielleicht wurden wir dadurch irregeführt, daß wir am Ansatz der Treppe, die zu der betreffenden Untergrundbahnstation hinabführte, keine Schlange sahen.
Wir begannen den Abstieg.

Unten angelangt, herrschte plötzlich ein solches Gedränge, daß wir sofort umkehren wollten. Es ging nicht mehr, und von da an verloren wir jeden Einfluß auf die Entwicklung der Dinge. Als wir an den Kassenschalter herangezwängt wurden, konnte ich noch mit knapper Not meine Geldbörse hervorziehen, aber sie wieder einzustecken, war mir nicht mehr möglich. Ich mußte sie während der ganzen Fahrt in der Hand halten. Die geliebte Gestalt meiner Frau sah ich zuletzt hoffnungslos eingekeilt auf der Plattform. Sie wandte mir ihr süßes Antlitz zu, und ich hörte sie etwas rufen, wovon ich nur Bruchstücke verstand:

»Leb wohl, Geliebter ... auf ewig dein ... und vergiß nicht ... die Schlüssel ...«

Dann entschwand sie endgültig meinen Blicken.

Während der Fahrt verspürte ich dann und wann von seitwärts den Griff eines Regenschirms zwischen den Rippen und glaubte ihn an der Form als den ihren zu erkennen. Um mich zu vergewissern, hätte ich den Kopf drehen müssen – aber wie? Ein Herr in schwarzem Mantel stand so dicht gegen meine Brust gepreßt, daß sogar unsere Nasen sich verschwisterten. Ich starrte ihm aus einer Entfernung von höchstens vier Zentimetern in die Augen; sie waren von himmelblauer Farbe, und ihre Pupillen flackerten unruhig. Wie sein Gesicht aussah, konnte ich nicht feststellen. Zu meiner Linken erspähte ich ab und zu die Umrisse einer Sportkappe, die sich an meinem Oberschenkel wetzte. Und von der andern Seite her bohrte sich der schon erwähnte Regenschirmgriff in meinen Brustkorb.

»Weib!« rief ich aufs Geratewohl. »Bist du's?«

Nach dreimaliger Wiederholung drang aus meilenweiter Ferne ein schwaches Stimmchen an mein Ohr:

»Liebster... ja... ich glaube, daß ich es bin...«

Sie lebte also! Meine freigebliebene Hand – mit der andern hielt ich noch immer meine Geldbörse umklammert – tastete in die Richtung, aus der die Stimme gekommen war, verfing sich aber in einem fremden Büstenhalter, so daß ich alle weiteren Nachforschungen einstellen mußte. Auf einem meiner Füße – ich wußte nicht, auf welchem, denn ich hatte längst die Kontrolle über sie verloren – stand ein fremder Mensch, was meine Bewegungsfreiheit noch mehr beeinträchtigte. Dafür gelang es in einer scharfen Kurve meinem blauäugigen Gegen-

über, seine Nase mit jähem Ruck von der meinen abzuziehen. Unsere Wangen klatschten leise aneinander und blieben fortan in Schmiegeposition, als wären wir ein argentinisches Tango-Tanzpaar. Zum Glück hatte ich einen gut rasierten Partner. Die Verbindungswege zu meiner Frau waren völlig zusammengebrochen.
Dies alles verblaßte jedoch vor einer neuen Katastrophe, die mir drohte: Ich mußte niesen. Schon seit einer ganzen Weile spürte ich das kommen. Jetzt stand es unmittelbar bevor. Und wenn ich jetzt nicht sehr schnell zu meinem Taschentuch käme, würde Fürchterliches geschehen.
Übermenschliche Kräfte durchfluteten meinen linken Arm. Indem ich jedes kleinste Rütteln des Zuges ausnützte, gelang es mir, meinen Tangopartner so weit wegzudrücken, daß ich mit der Hand bis in die Hosentasche kam. Damit war aber erst der leichtere Teil des Unternehmens bewältigt. Um die Hand mit dem Taschentuch auch an meine Nase führen zu können, bedurfte ich noch einer gewaltigen Portion Glück.
Es gelang. An der nächsten Haltestelle verließ einer der Fahrgäste den bisher von ihm gehalte-

nen Posten auf meinem Fuß und stellte dadurch einen Teil meiner Manövrierfähigkeit wieder her. Zwar schloß mich gleich darauf die nachdrängende Menge aufs neue ein, aber in jenem kurzen Augenblick relativer Freiheit hatte ich das Taschentuch tatsächlich in Nasenhöhe gebracht.

Bloß die Lust zum Niesen war mir unterdessen vergangen. So ist das Leben.

Meine Hand mit dem Taschentuch verharrte in der erreichten Position, halblinks vom Mantelkragen des Blauäugigen und schräg unterhalb meines Kinns. Dort begann sie langsam zu erstarren.

Eine Minute später entglitt das Taschentuch meinen fühllos gewordenen Fingern und senkte sich in den Schoß des Sportkappenträgers. Ich hatte keine Möglichkeit, mit dem Mann in Fühlung zu kommen. Ich konnte ihn nur stumm aus meinem rechten Augenwinkel beobachten.

In der nächsten Kurve blickte er zufällig an sich hinab, entdeckte das Taschentuch, hielt es für einen hemdeigenen Toilettenfehler und stopfte es, so rasch er konnte, in seine Hose. Das verursachte ihm einige Mühe und, wie es schien, auch Verlegenheit. Kurz darauf stand er auf

und verdrückte sich in der Menge. Möglicherweise ist er sogar ausgestiegen.
Als ich nach Hause kam, wurde ich bereits von meiner Frau erwartet. Wir stellten fest, daß wir das lebensgefährliche Abenteuer mit geringfügigen Bekleidungsschäden und Hautabschürfungen überstanden hatten, die wir in häuslicher Pflege belassen konnten. Was weiter?
Ja, wir mieteten wieder ein Auto.

Ein gewöhnliches Sonderangebot

Eines katastrophalen Morgens entschloß ich mich, mir eine soziale Gebraucht-Position anzuschaffen und ging zu einem Gebrauchtwagenhändler namens »Smiling Joe« (was mit »Lächelnder Josef« durchaus unzureichend übersetzt wäre).

Smiling Joe nahm in den Zeitungen täglich einige Quadratkilometer Inseratenraum in Anspruch, auf denen er seine sechshundert Gebrauchtwagen begeistert anpries. Er war ein kräftiger, gutgelaunter, temperamentvoller junger Mann, und als er hörte, daß ich aus Israel kam, kannte seine Begeisterung keine Grenzen.

Er selbst, wie er ausdrücklich betonte, war zwar kein Jude, aber er hatte einen Freund, der Finkelstein oder so ähnlich hieß, und das genügte.

Smiling Joe zeigte mir persönlich seine zwanzig Gebrauchtwagen und pries jeden einzelnen von ihnen begeistert an. Als ich mich nach den restlichen 580 erkundigte, raunte er mir vertraulich zu, daß sie für prominente Gäste aus dem Nahen Osten – also zum Beispiel für mich oder König Ibn Saud – auf einem Geheimgelände bereitgehalten würden.

»Es ist nur fünf Minuten von hier«, sagte Smiling Joe. »Fahren wir los.« Und er lud mich in seinen eigenen Wagen ein.

Nach ungefähr eineinhalb Stunden flotter Fahrt fragte ich ihn, was eigentlich mit den fünf Minuten los wäre. Smiling Joe gestand mir unter dröhnendem Gelächter, daß er dabei an ein Überschallflugzeug gedacht hätte. Aber jetzt würde es wirklich nur noch zehn Minuten dauern.

Dämmerung sank herab. Die Wüste, die wir durchfuhren, zeigte alle Merkmale subtropischer Vegetation. Immerhin waren wir noch vor Einbruch der völligen Dunkelheit in Arizona. Auf dem geheimen Gelände standen, leicht überschaubar, neun Gebrauchtwagen.

»Ist das alles?« fragte ich. »Wo sind die anderen?«

»Verkauft«, grinste Smiling Joe. »Die Dinger

gehen ab wie die warmen Semmeln. Am Morgen hatte ich noch fünfhundert Wagen hier. Wenn ich's mir recht überlege, bin ich gar nicht scharf drauf, den Rest zu verkaufen. Ich kann mit dem Geld sowieso nichts anfangen.«

Unwillkürlich drängte sich die Frage auf meine Lippen, warum er mich dann überhaupt hergeführt habe.
Smiling Joe grinste abermals. Geld bedeute ihm nichts, meinte er. Viel wichtiger sei der gute Ruf, »Fairneß und Ehrlichkeit« lautete die Devise.
Ich hatte währenddessen den rudimentären Wagenpark besichtigt und zu meiner Freude einen verhältnismäßig gut erhaltenen Chevrolet entdeckt, der laut kreidiger Aufschrift auf der Windschutzscheibe nur 299,99 Dollar kosten sollte.
»Der Wagen gefällt mir«, sagte ich. »Den will ich haben.«
»Junge, Junge!« Smiling Joe hieb mir anerkennend seine Pranke auf die Schulter. »Das nenne ich ein sicheres Auge! Schaut hin – und hat auch schon mein bestes Stück! Der Wagen ist zwar verkauft, an den Gouverneur dieses aufstrebenden Staates – aber wenn ich Sie damit glücklich machen kann, dann blättern Sie vierhundert Dollar auf den Tisch des Hauses und der Chevy gehört Ihnen.«
»Wieso vierhundert? Da steht doch ganz deutlich 299,99?«
»Listenpreis, mein Junge. Ohne Reifen. Wenn Sie für 299,99 einen Wagen ohne Reifen kaufen

wollen – ich habe nichts dagegen. Aber vergessen Sie nicht, daß Chevrolet eine der teuersten Automarken Amerikas ist.«

Ich zeigte wortlos auf die Neonlicht-Reklame am Eingang, die in großen Blinklichtern besagte: »Chevrolet – der preisgünstigste Wagen Amerikas!«

Smiling Joe büßte weder seine Ruhe noch sein Grinsen ein:

»Wer kümmert sich heute noch um Neonlichter? Längst überholt!«

Ich hatte den Wagen mittlerweile von allen Seiten geprüft und fand ihn immer mehr nach meinem Geschmack.

»Okay«, sagte ich. »Ich nehme ihn.«

»Großartig!« Smiling Joe schüttelte begeistert meine Hände. »Sie sind ein Glückspilz! Machen Sie, daß Sie rauskommen, bevor ich's mir überlege! Sie werden diesen Wagen mit fünfhundert Dollar Profit verkaufen.«

»Selber Glückspilz«, gab ich zurück.

»Wo sind die Schlüssel?«

»Schon was von automatischer Kupplung gehört?« grinste Smiling Joe, während er mir die Schlüssel aushändigte.

»Und das Lenkrad können Sie mit einem Finger ganz herumdrehen.«

Ich versuchte das Lenkrad mit einem Finger ganz herumzudrehen, hörte aber sofort auf, als es in zwei Hälften zu zerbrechen drohte.
»Sehen Sie«, triumphierte Smiling Joe. »Es rührt sich nicht. Solide wie Stahl. Und erst der Zehnzylindermotor! Junge, Junge!«
Ich öffnete die Haube und zählte knappe sechs Zylinder.
»Eben!« Smiling Joe überschlug sich vor Begeisterung. »Was das nur für eine Benzinersparnis bedeutet! Und die automatische Vorzündung!«
Ich demonstrierte ihm mühelos, daß die Vorzündung in keiner Weise automatisch war, sondern mühsam mit der Hand bedient werden mußte.
Smiling Joe beglückwünschte mich aufs neue zu meinem Fang. Die automatische Vorzündung sei ohnehin nichts wert gewesen und werde zu den neuesten Modellen nicht mehr geliefert.
»Glauben Sie, ich würde Ihnen einen schlechten Wagen verkaufen, he? Ich Ihnen? Ein Jude dem andern? Sie werden sich in diesem Wagen wie ein König vorkommen! Und wenn Sie Musik hören wollen, brauchen Sie nur das Radio anzudrehen.«
Smiling Joe zeigte mir den Knopf und drehte

ihn an. Sofort setzten sich die Scheibenwischer in Betrieb.
»Wer, zum Teufel, braucht ein Radio?« fragte Smiling Joe beseligt. »Was bekommt man da schon zu hören? Den ganzen Tag lang Schallplatten. Vollkommen überflüssig. Viel wichtiger ist, daß Sie einen phantastischen Führersitz haben, den Sie sogar verschieben können.«
Ich versuchte den Sitz zu verschieben – und er verschob sich. Ich versuchte es noch einmal – und er verschob sich wieder. Warum hatte Smiling Joe dann aber gesagt, daß sich der Sitz verschieben ließ? Das war verdächtig. Ich nahm eine gründliche Untersuchung des Wagens vor – er war so gut wie neu.
»Er ist so gut wie neu«, grinste Smiling Joe. »Er hat nicht mehr drauf als 17000 Meilen.«
Das konnte nicht wahr sein. Ich warf einen Blick auf den Zähler. Er zeigte 3000 Meilen. Mein Mißtrauen wuchs:
»Wieso zeigt er nur 3000?«
»Leicht zu erklären. Der frühere Besitzer war ein Leuchtturmwächter, der immer nur um seinen Leuchtturm herumfahren konnte.«
Jetzt hatte ich genug. Wenn ich Smiling Joes Verkaufstechnik richtig interpretierte, mußte

der Wagen spätestens nach hundert Metern auseinanderfallen.
»Schön«, sagte ich. »Dann werden wir leider kein Geschäft miteineinder machen. Ich lasse mich nicht zum Narren halten.«
»Ganz wie Sie wünschen.«
Zum erstenmal verlor sich das Grinsen aus Smiling Joes Gesicht.
»Wie komme ich nach Hause?«
»Per Auto?«
»Nein. Zu Fuß.«
»Immer nach Osten, mein Freund, immer nach Osten . . .«
Ich überlegte: wenn Smiling Joe »Osten« sagte, wäre »Westen« vermutlich das Richtige. Aber da man sich bei ihm nicht einmal auf das Gegenteil seiner Aussagen verlassen kann, ginge ich wohl am besten nach Süden.
Auf meinem Weg in nördlicher Richtung kam ich durch fruchtbares Ackerland, durch schattige Wälder mit Bächen und Wasserfällen – und trotzdem nach Hause. Unser Nachbar stützte mich die Stiegen hinauf und informierte mich (leider zu spät), daß man in Amerika zum Ankauf eines Gebrauchtwagens unbedingt mit dem eigenen Wagen vorfahren müsse.

Und am Ende steht die Parklaterne

Eines anderen Morgens erwachte ich in New York mit Zahnschmerzen. Mit ganz gewöhnlichen, ungemein schmerzhaften Zahnschmerzen. Irgend etwas in meinem linken Unterkiefer war nicht in Ordnung, schwoll an und schmerzte.

Ich fragte Tante Trude, ob es hier in der Gegend einen guten Zahnarzt gäbe. Tante Trude kannte ihrer drei, alle in nächster Nähe, was in New York ungefähr soviel bedeutet wie 25 Kilometer Luftlinie.

Ich wollte wissen, welcher von den drei Zahnärzten der beste sei. Tante Trude sann lange vor sich hin:

»Das hängt davon ab. Der erste hat seine Ordination in der Wall Street. Dort wimmelt es von Zeitungsreportern, und wenn jemand einen Parkplatz findet, wird er sofort von ihnen interviewt. Ich weiß nicht, ob du das mit deinen Zahnschmerzen riskieren willst. Der zweite hat eine direkte Autobusverbindung von seinem Haus zum nächsten bewachten Parkplatz, aber er ist kein sehr angenehmer Arzt. Ich würde dir zu Dr. Blumenfeld raten. Er wohnt in einem ähnlichen Cottage-Viertel wie wir und hebt in seinen Annoncen immer hervor, daß man dort manchmal in einer nicht allzu weit entfernten Seitenstraße Platz zum Parken findet.«

Das war entscheidend. Und mein Unterkiefer war um diese Zeit schon so angeschwollen, daß es keine Zeit mehr zu verlieren gab.

Ich nahm Onkel Harrys Wagen und sauste los.

Es dauerte nicht lange, bis ich Dr. Blumenfelds Haus gefunden hatte. Auch die im Inserat angekündigten Seitenstraßen waren da, nicht aber der im Inserat angekündigte Platz zum Parken. An beiden Straßenseiten standen die geparkten Wagen so dicht hintereinander, daß nicht einmal die berühmte Stecknadel hätte zu Boden fallen können; sie wäre auf den fugenlos aneinandergereihten Stoßstangen liegengeblieben.

Eine Zeitlang kreuzte ich durch die Gegend wie ein von seiner Flugbahn abgekommener Satellit.
Dann geschah ein Wunder. Ich sah es mit meinen eigenen Augen. Das heißt: ich sah ein Wunder im Anfangsstadium. Ich sah einen amerikanischen Bürger, der sich an der Türe seines geparkten Wagens zu schaffen machte.
Schon hielt ich an seiner Seite:
»Fahren Sie weg?«
»Ob ich – was? Ob ich wegfahre?« Er wollte seinen Ohren nicht trauen. »Herr, ich habe auf diesen Parkplatz zwei Jahre lang gewartet und habe ihn erst im vorigen Herbst erobert. Damals nach dem Hurrikan, der alle hier geparkten Wagen weggefegt hat . . .«
Jetzt fiel mir auf, daß das Dach seines Wagens, genau wie das der anderen, mit einer dicken Staubschicht bedeckt war. Da gab es also nichts zu hoffen.
Wo ich denn möglicherweise einen Parkplatz finden könnte, fragte ich.
Die Antwort, nach längerem Nachdenken und Hinterkopfkratzen erteilt, verhieß wenig Gutes:
»Einen Parkplatz finden . . . Sie meinen einen *freien* Parkplatz? In Texas soll es angeblich noch

einige geben. Vergessen Sie nicht, daß sich die Zahl der Autos in Amerika jedes Jahr um ungefähr fünfzehn Millionen vermehrt. Und die Länge der Autos jedes Jahr um ungefähr zehn Inches. Der letzte Gallup-Poll hat ergeben, daß dreiundachtzig Prozent der Bevölkerung das Parkproblem für die gefährlichste Bedrohung ihres Lebens halten. Nur elf Prozent dagegen haben Angst vor dem Atomkrieg.
Mit diesen Worten zog er einen Roller aus dem Fond seines Wagens, stieg mit einem Fuß darauf und ließ den Wagen unverschlossen stehen. »He! Sie haben nicht abgesperrt!« rief ich ihm nach.
»Wozu?« rief er zurück. »Niemand stiehlt mehr ein Auto. Wo sollte er es denn parken?«
Mein Zahn trieb mich weiter. Aber es war ganz offenbar sinnlos. Wohin man blickte, stand geparktes Auto an geparktem Auto, und wo kein Auto stand, stand ein Pfosten mit einer Tafel, und auf der Tafel stand die Inschrift: »Von Anfang Juli bis Ende Juni Parken verboten« oder »Parkverbot von 0 bis 24 Uhr, Sonn- und Feiertag von 24 bis 0 Uhr.« War aber irgendwo kein Wagen und keine Tafel zu sehen, so stand dort todsicher ein Feuerhydrant, dem man in Amerika unter Androhung

schwerster Geld- und Freiheitsstrafen nicht in die Nähe kommen darf, nicht einmal wenn es brennt.
In einer schon etwas weiter entfernten Straße fand ich eine Affiche, aus der hervorging, daß hier am 7. August zwischen 3 und 4 Uhr nachmittags geparkt werden durfte. Ich erwog ernsthaft, so lange zu warten, aber mein Zahn war dagegen.
Endlich schien mir das Glück zu lächeln. Vor einem großen Gebäude sah ich einen leeren, deutlich für Parkzwecke reservierten Raum mit der deutlichen Aufschrift: »Kostenloses Parken für unsere Kunden.« Rasch wie der Blitz hatte ich meinen Wagen abgestellt, stieg aus, fand mich im nächsten Augenblick von hinten an beiden Schultern gepackt und im übernächsten auf einen Stuhl gedrückt, der im Büro einer Versicherungsgesellschaft stand.
»Guten Morgen, mein Herr«, begrüßte mich der Mann hinterm Schreibtisch. »Wie lange?«
»Ungefähr eineinhalb Stunden.«
Der Versicherungsagent blätterte in seiner Tarifliste:
»Das Minimum für neunzig Minuten ist eine Feuer- und Hagelversicherung auf 10000 Dollar.«

Ich erklärte ihm, daß der Wagen bereits versichert war. »Das sagen alle. Darauf können wir keine Rücksicht nehmen.«
»Und ich kann keine Versicherung auf 10000 Dollar nehmen.«
»Dann müssen Sie eben wegfahren.«
»Dann werde ich eben wegfahren.«
Gegenüber dem Versicherungsgebäude befand sich ein Kino. Hinter dem Kino befand sich ein großer Parkplatz. Auf dem Parkplatz befanden sich viele große Wagen. Vor den Wagen befanden sich Parkuhren, die sechzig Minuten Maximalzeit vorschrieben. Aus dem Kino kamen fast pausenlos Leute herausgeeilt, warfen Münzen in die Parkuhren und eilten zurück.
Bei Einbruch der Dunkelheit ging mir das Benzin aus. Ich fuhr zu einer Tankstation, und während der Tank gefüllt wurde, fragte ich nach der Toilette. Dort erkletterte ich das Fenster, durchkroch eine Art Schacht, gelangte ins Magazin, stahl mich durch die Hintertür hinaus und befand mich in einem engen, dunklen, nach Leder riechenden Raum. Es war mein Wagen, den die erfahrenen Tankstellenwärter dort abgestellt hatten.
Ihr hämisches Grinsen reizte meinen tief verwundeten orientalischen Stolz.

»Was können Sie sonst noch mit dem Wagen machen?« fragte ich. »Lassen Sie hören!«
Das Offert kam prompt und sachlich:
»Ölwechsel – zehn Minuten. Überholen – eine halbe Stunde. Lackieren – eine Stunde.«
»Lackieren Sie ihn grasgrün und wechseln Sie das Öl.«
Ungesäumt startete ich in Richtung Blumenfeld. Ich schlug ein scharfes Tempo an, denn der Zettel, den man mir an der Tankstelle in die Hand gedrückt hatte, trug folgenden eindeutig präzisierten Text: »Wenn Sie nicht pünktlich nach der vereinbarten Zeit von 1.10 Uhr (das war handschriftlich eingetragen) Ihren Wagen holen, wird er in unserem eigens hierfür konstruierten Parkofen verbrannt.«
Da ich schon lange nicht trainiert hatte, geriet ich leider sehr bald außer Atem. Ich bestieg einen Bus und nahm an der Endstation ein Taxi zu Dr. Blumenfeld. Als ich dort anlangte, waren 42 Minuten vergangen, so daß ich sofort umkehren mußte. Ich kam gerade zurecht, wie die Tankstellenwärter sich anschickten, die erste Kanne Kerosin über meinen grasgrünen Wagen zu schütten.
Jetzt gab es nur noch eine Möglichkeit, und ich war entschlossen, sie auszunützen: Ich fuhr mit

meinem eigenen Wagen vor Dr. Blumenfelds Haus und ließ ihn krachend auf einen Laternenpfahl aufprallen. Erlöst entstieg ich dem Blechschaden und begab mich in die Ordination.

Gerade als Dr. Blumenfeld mit der Behandlung fertig war, ertönte von unten zorniges Hupen. Durchs Fenster sah ich, daß es von einem Wagen kam, der dicht hinter dem meinen stand. Ich sauste hinunter. Ein andrer von Dr. Blumenfelds Patienten empfing mich zornschnaubend:

»Was bilden Sie sich eigentlich ein, Sie? Glauben Sie, diese Laterne gehört nur Ihnen?«

Ich mußte ihm recht geben. Selbst in Amerika können sich nur die Reichsten der Reichen den Luxus einer eigenen Parklaterne leisten.